Rupert Scholz
Krise der parteienstaatlichen Demokratie?

Schriftenreihe
der Juristischen Gesellschaft e. V.
Berlin

Heft 80

W
DE
G

1983

Walter de Gruyter · Berlin · New York

Krise
der parteienstaatlichen
Demokratie?

„Grüne" und „Alternative"
im Parlament

Von
Rupert Scholz

Vortrag
gehalten vor der
Berliner Juristischen Gesellschaft
am 20. April 1983

W
DE
G

1983
Walter de Gruyter · Berlin · New York

Dr. jur. Rupert Scholz
o. Professor für Öffentliches Recht an der Universität München
Senator für Bundesangelegenheiten, Berlin

CIP-Kurztitelaufnahme der Deutschen Bibliothek

Scholz, Rupert:
Krise der parteienstaatlichen Demokratie?:
„Grüne" und „Alternative" im Parlament;
Vortrag gehalten vor d. Berliner Jur. Ges. am
20. April 1983 / von Rupert Scholz.
– Berlin ; New York : de Gruyter, 1983. –
(Schriftenreihe der Juristischen Gesellschaft
e. V. Berlin ; H. 80)
ISBN 3-11-009857-1
NE: Juristische Gesellschaft (Berlin, West):
Schriftenreihe der Juristischen ...

©
Copyright 1983 by
Walter de Gruyter & Co., vormals G. J. Göschen'sche Verlagshandlung, J. Guttentag, Verlagsbuchhandlung,
Georg Reimer, Karl J. Trübner, Veit & Comp., Berlin 30.
Printed in Germany
Satz und Druck: Saladruck, Berlin 36
Bindearbeiten: Verlagsbuchbinderei Dieter Mikolai, Berlin 10

1. Grüne und Alternative im Parlament – Krise des Parlamentarismus?

Das Wort von der Krise unseres parteienstaatlichen Regierungs- und Parlamentssystems geht um. Ob zu Recht, ist Gegenstand der folgenden Betrachtung. So sehr vor einem allzu unbedachten oder voreiligen Gebrauch des Wortes „Krise" zu warnen ist, Krisensymptome sind zumindest insoweit unübersehbar, wie sich Tendenzen zunehmender Destabilisierung im System unserer parlamentarischen Demokratie häufen. So stabil unser Parlaments- und Regierungssystem in den ersten 25 Jahren der Bundesrepublik Deutschland bzw. ihrer grundgesetzlich ausgestalteten Verfassungsstaatlichkeit gewesen ist, so unübersehbar sind kritische Entwicklungen und stabilitätsbedrohende Tendenzen vor allem im Bereich des Parlaments- und Parteienwesens. Schlaglichtartig sehen sich diese Entwicklungen und Tendenzen im Einzug der Grünen/Alternativen in die Parlamente, neuerdings ja auch in den Bundestag, verdeutlicht. So klar die Mehrheit der deutschen Bevölkerung für die parlamentarischen Parteien am 6. März 1983 gestimmt hat, auch das Votum von nur gut 5 % gegen diese Parteien und für die Grünen kann auch ein Votum gegen die parlamentarische Demokratie sein oder doch als ein solches Votum gedeutet werden.

Welche Belastungen sich aus der Präsenz der Grünen/Alternativen für die parlamentarische Arbeit nunmehr auch im Bundestag ergeben können, wird abzuwarten sein. Ihren bedenklichsten Ausdruck haben die genannten Entwicklungen und Tendenzen in jenen Landesparlamenten gefunden, in denen die beiden großen Volksparteien, SPD einerseits und CDU andererseits, nicht mehr in der Lage sind wie in Hessen oder waren wie in Hamburg – allein oder gemeinsam mit dem bisherigen, einmal lieb, einmal unlieb gewonnenen dritten Partner, der F.D.P. –, regierungsfähige Mehrheiten zu bilden. Mit dem Einzug der Grünen bzw. Alternativen in die Parlamente und dem Schwächerwerden der F.D.P. sehen bzw. sahen sich bereits in zwei Landesparlamenten (Hamburg und Hessen) regierungsfähige Mehrheiten ausgeschlossen; das in der Nachkriegsgeschichte kaum bekannte Phänomen der Minderheitsregierung[1] droht in allgemei-

---

[1] Vgl. hierzu Finkelnburg, Die Minderheitsregierung im deutschen Staatsrecht, 1982, S. 5 ff.

6

nerer Form; Erinnerungen an die Weimarer Demokratie und ihr Schicksal werden wach, wobei freilich vor jedem allzu voreiligen oder allzu undifferenzierten Vergleich zu warnen ist. Das parlamentarische Regierungssystem der Bundesrepublik Deutschland und seine Ausgestaltung im GG ist und bleibt ein grundlegend anderes als das von Weimar bzw. der WRV. Die Lehren, die der Verfassungsgeber von 1949 aus dem Scheitern der Weimarer Demokratie gezogen hat, haben nach wie vor Gültigkeit, sind nach wie vor wirksam und lassen es prinzipiell nicht zu, jene kritischen Entwicklungen oder Krisensymptome, die wir heute aktuell oder tendenziell zu beobachten haben, als eventuelle Wiedergeburt von Weimar zu reklamieren. Man sollte sich auch davor hüten, in dem schlichten Auftreten neuer politischer Formationen oder Parteien, sofern die Grünen/ Alternativen wirklich Parteien im Sinne des Art. 21 GG sein sollten (letzteres wird zu prüfen sein), bereits ein Politikum von konstitutioneller Bedeutung zu sehen; man hüte sich namentlich davor, gleich jede politische Veränderung vorschnell als verfassungsrechtliches Grundproblem zu thematisieren. Andererseits wird jedoch zu zeigen sein, daß heute Verfassungsfragen von durchaus grundsätzlicher Art zu konstatieren sind. Diese unterscheiden sich aber, wie nochmals erwähnt sei, wesentlich von dem, was Weimar verfassungspolitisch vorgeführt oder geschichtlich gelehrt hat.

2. Grundgesetz und repräsentative Demokratie

Das GG hat – gerade aufbauend auf den Erfahrungen aus dem Untergang der Weimarer Demokratie – die demokratiestaatliche Struktur der Bundesrepublik Deutschland strikt auf das Prinzip der mittelbaren oder repräsentativen parlamentarischen Demokratie festgelegt[2].

---

[2] Vgl. näher u. a. Scheuner, in: Rausch (hrsg.), Zur Theorie und Geschichte der Repräsentation und Repräsentativverfassung, 1968, S. 386 (390 ff.); Böckenförde, Eichenberger-Festschrift, 1982, S. 301 ff.; Steiger, Organisatorische Grundlagen des parlamentarischen Regierungssystems, 1973, S. 152 ff.; Badura, Bonner Kommentar zum GG, Zweitbearbeitung, Art. 38 Rdn. 1 ff., 23 ff.; Herzog, in: Maunz/ Dürig, GG, Art. 20 Rdnr. 3, 61 ff., 78 ff.; Maunz, in: Maunz/Dürig, GG, Art. 38 Rdn. 1 ff.; W. Weber, Spannungen und Kräfte im westdeutschen Verfassungssystem, 3. Aufl. 1970, S. 175 (180 ff.); Oppermann, VVDStRL 33/7 (14 ff.); Kriele, VVDStRL 29, 46 (47 ff.); R. Scholz, Die Koalitionsfreiheit als Verfassungsproblem, 1971, S. 170 ff.; vgl. (zuletzt) auch BVerfG, NJW 83, 735 (736 ff.); Greifeld, Volksentscheid durch Parlamente, 1983, S. 110 ff.

Elemente der unmittelbaren oder plebiszitären Demokratie hat das GG prinzipiell nicht aufgenommen[3]. Formen solcher Demokratie beschränkt das GG auf wirkliche Ausnahmen. Die eine dieser Ausnahmen liegt im Bereich der Neugliederung des Bundesgebiets gemäß Art. 29 GG; die andere findet sich im Bereich der kommunalen Selbstverwaltung (Art. 28 I 3 GG), d. h. in einem Bereich, der in der Tat als einziger im System der großräumig-flächenstaatlichen Demokratie und ihrer mobilen Gesellschaftsstrukturen geeignet sein kann, nach Maßgabe örtlicher Überschaubarkeit und lokaler Eigenverantwortung auch Formen unmittelbarer Demokratie zu verwirklichen. Betrachtet man allerdings die neueren Entwicklungen der kommunalen Demokratiestrukturen, so haben sich auch hier die Möglichkeiten und Sinnfälligkeiten von Formen unmittelbarer Demokratie weitgehend erledigt. Die in allen Bundesländern in fast gleichmäßiger Gestalt durchgeführten Gebietsreformen und ihre auch demokratiestaatlichen Konzentrationswirkungen haben mehr oder weniger notwendig auch hier zum Primat der mittelbaren bzw. repräsentativen Demokratie geführt oder den allgemeineren Trend dorthin verstärkt, wenn nicht definitiv befestigt. Immerhin ändert selbst dies nichts daran, daß das GG nach wie vor entsprechende Ermächtigungen prästiert und daß auch die Verfassungswirklichkeit durchaus noch besondere Bezüge der kommunalen Selbstverwaltung zur lokal-unmittelbaren Demokratie kennt. Hervorzuheben sind in letzter Hinsicht namentlich die sog. Rathausparteien bzw. kommunalen Wählervereinigungen[4], die aus dem System der parteienstaatlichen Demokratie herausfallen und gerade dieser gegenüber regional differenzierende Kompensationen auch im demokratietheoretischen Sinne aufbauen. Auf die besondere Struktur dieser Formationen wird zurückzukommen sein.

Versuche, aus dem GG Gegenteiliges oder ein Mehr an plebiszitären bzw. unmittelbar-demokratischen Ordnungsinhalten herauszuholen, hat es allerdings verschiedentlich gegeben. So ist namentlich versucht worden, aus dem grundgesetzlichen Sozialstaatsprinzip (Art. 20 I/28 I GG) und seinen leistungsrechtlichen Sozialgewährleistungen für den Bürger auch ein Maß an unmittelbar-demokratischen Teilhaberechten oder

---

[3] Zu den strukturellen Unterschieden zwischen unmittelbarer/plebiszitärer und mittelbarer/repräsentativer Demokratie siehe nur z. B. Fraenkel, in: Rausch (hrsg.) Repräsentation, S. 330 ff.; W. Weber, Spannungen, S. 175 ff.; Böckenförde, a. a. O.; Öhlinger, in: Krawietz/Topitsch/Koller, Ideologiekritik und Demokratietheorie bei Hans Kelsen, Rechtstheorie Beiheft 4, 1982, S. 215 ff.
[4] Zu deren Status und Differenz zur politischen Partei im Sinne des Art. 21 GG siehe § 2 I 1 PartG sowie BVerfGE 6, 367 (372 f.); Henke, Bonner Kommentar zum GG, Zweitbearbeitung, Art. 21 Rdn. 3; Seifert, Bundeswahlrecht, 3. Aufl. 1976, § 6 BWG Rdn. 7; Maunz, in: Maunz/Dürig, GG Art. 21 Rdn. 20, 28.

8

-chancen abzuleiten. So hat z. B. v. Pestalozza kürzlich versucht, vor allem unter Rückgriff auf das Sozialstaatsprinzip einen prinzipalen „Popularvorbehalt" zugunsten eines höheren Maßes an unmittelbarer bzw. plebiszitärer Demokratie im GG zu reklamieren[5].

Obwohl diese Überlegungen von v. Pestalozza sich bewußt von den ideologisch begründeten Argumentationsmustern gerade verfassungspolitisch mehr linker Apologeten[6] abheben bzw. mit deren – in Ergebnis wie Argumentationskette freilich äußerst verwandten – Thesen nicht auseinandersetzen, bleibt doch auch solchen Interpretationsansätzen gegenüber festzuhalten, daß sie kaum geeignet sein können, das ebenso geschlossene wie strikte Votum des GG für die mittelbare bzw. repräsentative Demokratie aufzubrechen. Es gibt im GG keinen „Popularvorbehalt"; weder die Grundrechte noch das Sozialstaatsprinzip oder gar die föderalistische Gesamtstruktur der Bundesrepublik geben begründbaren Halt für einen solchen „Popularvorbehalt" bzw. für das gewünschte Ziel, neben oder gar gegen die mittelbare bzw. repräsentative Demokratie ein System unmittelbarer bzw. plebiszitärer Demokratie zu etablieren. Die entgegengesetzte Entscheidung des Verfassungsgebers ist allzu eindeutig und die Verfassungswirklichkeit der vergangenen Jahrzehnte hat ihm bzw. seinem klaren und eindeutigen Votum für die mittelbare Demokratie Recht gegeben. Selbst wenn man nicht soweit gehen will und mit E.-W. Böckenförde die „mittelbare/repräsentative Demokratie als eigentliche Form der Demokratie" begreifen will[7], wenn man die unmittelbare Demokratie als demokratietheoretisch durchaus plausible Alternative diskutieren will, führt verfassungsrechtlich doch kein Weg an der gegebenen konstitutionellen Lage und ihrer ausdrücklichen Präferenz für die mittelbare Demokratie vorbei.

Betrachtet man im Vergleich hierzu das Verfassungsrecht der deutschen Bundesländer, so kann man sicher ein ungleich höheres Maß an Institutionen und Formen unmittelbarer Demokratie entdecken, namentlich in den Formen des Volksentscheids und des Volksbegehrens[8]. Auch diese Institutionen gründen sich gewiß und weitgehend auf Vorbilder der Weimarer

---

[5] Vgl. v. Pestalozza, Der Popularvorbehalt. Direkte Demokratie in Deutschland, 1981, bes. S. 11 ff.
[6] Vgl. hier u. a. Abendroth, Antagonistische Gesellschaft und politische Demokratie, 2. Aufl. 1972; ders., Das Grundgesetz, 3. Aufl. 1966, S. 72 ff.; Agnoli/Brückner, Die Transformation der Demokratie, 1968; Agnoli, in: Matz (hrsg.), Grundprobleme der Demokratie, 1973, S. 461 ff.; Hondrich, Demokratisierung und Leistungsgesellschaft, 1972; Naschold, Organisation und Demokratie, 3. Aufl. 1972; Gottschalch, Parlamentarismus und Rätedemokratie. Rotbuch 10, 1968; Stuby, Der Staat 1969, S. 303 ff.
[7] Vgl. in: Eichenberger-Festschrift, S. 301 ff.
[8] Siehe hierzu zusammenfassend etwa v. Pestalozza, Popularvorbehalt, S. 15 ff.

Reichsverfassung. Dies ändert indessen nichts daran, daß das GG als unmittelbarer Nachfolger der WRV solchen Formen der unmittelbaren Demokratie eine prinzipielle Absage erteilt hat[9]. Versuche, gerade aus dem Landesverfassungsrecht auch für das GG extensivere Interpretations- oder Anwendungsmöglichkeiten in Richtung auf mehr Inhalte unmittelbarer Demokratie abzuleiten, müssen fehlgehen. Denn abgesehen davon, daß aus dem Verfassungsrecht der Länder keine Schlüsse auf das Verfassungsrecht des Bundes gezogen werden können, erweist sich auch für die bundesstaatliche Gesamtstruktur das Prinzip der mittelbaren Demokratie gemäß Art. 28 I GG in Verbindung mit der Homogenitätsklausel des Art. 28 III GG als verbindlich. Damit sehen sich zwar landesrechtliche Inhalte unmittelbarer Demokratie nicht generell abgeschnitten; andererseits sehen sich diese aber auf den regionalen Ordnungsrahmen beschränkt. Das (nur in engen Grenzen variierbare) Grundprinzip auch landesverfassungsrechtlicher Demokratie heißt im System des grundgesetzlichen Verfassungsstaates: mittelbare oder repräsentative Demokratie.

3. Grundgesetz und parteienstaatliche Demokratie

Verbunden und fortentwickelt hat das GG den Systemgedanken der mittelbaren oder repräsentativen Demokratie mit dem Prinzip der parteienstaatlichen Demokratie[10], indem es gemäß Art. 21 GG die politischen Parteien „konstitutionalisiert"[11] bzw. „in den Rang einer verfassungsrechtlichen Institution" erhoben hat[12].

Art. 21 GG hat, mit dem BVerfG gesprochen, „in Bund und Ländern" „die moderne parteienstaatliche Demokratie ... verfassungsrechtlich sanktioniert"[13]. Demokratietheoretisch ist zwar gelegentlich der Versuch unternommen worden, in dieser parteienstaatlichen Orientierung der mittelbaren Demokratie (eher) eine Form der Fortentwicklung der unmit-

---

[9] Umgekehrt, aber nicht haltbar der Versuch von v. Pestalozza, Popularvorbehalt, S. 28 ff., gar „aus Weimar Ermutigendes" für ein Mehr an unmittelbarer Demokratie unter dem GG zu entdecken.
[10] Vgl. hierzu bes. sowie zum Folgenden Leibholz, in: Rausch (hrsg.), Repräsentation, S. 222 ff.; ders., ebenda, S. 235 ff.; ders., Strukturprobleme der Demokratie, 1958, S. 93 ff.; Scheuner, in: Ziebura (hrsg.), Beiträge zur allgemeinen Parteienlehre, 1969, S. 107 (113 ff.); Badura, Michaelis-Festschrift, 1972, S. 9 ff.; Meyn, Kontrolle als Verfassungsprinzip, 1982, S. 252 ff.; Wielinger, in: Krawietz/ Topitsch/Koller, Ideologiekritik und Demokratietheorie bei Hans Kelsen, Rechtstheorie Beiheft 4, 1982, S. 263 ff.; Kimminich, DÖV 83, 217 (222 ff.); BVerfGE 1, 208 (225); 2,1 (10 ff., 72 ff.); 4,27 (28 ff.); 4,144 (149); 11,266 (273); 41,399 (416); 52,61 (83).
[11] BVerfGE 5, 85 (388).
[12] BVerfGE 5, 388.
[13] BVerfGE 4, 149.

telbaren Demokratie zu sehen. Vor allem G. Leibholz hat die These vertreten, daß „das Bekenntnis zur modernen parteienstaatlichen Massen-demokratie das gleichzeitige Bekenntnis zu den Grundsätzen des liberalen parlamentarisch-repräsentativen Demokratismus" ausschließe, „weil es sich hier dem Prinzip nach um verschiedene Strukturtypen der Demokra-tie handele"[14]. Tatsächlich hätten „in der parteienstaatlichen Form der Demokratie ... die Parteien ... die Funktion, das Volk zu organisieren und aktionsfähig zu machen" und über diese „Mediatisierung des Volkes" die demokratische Staatsstruktur insgesamt zu einer (entsprechend modi-fizierten) plebiszitären oder unmittelbaren zu verfassen[15]. So richtig der Aspekt von der Funktion der politischen Parteien zur Organisation und Aktionsfähigkeit des Volkes ist, so wenig überzeugend ist Leibholz' dogmatische Schlußfolgerung[16]. Denn tatsächlich handelt es sich auch bei der parteienstaatlichen Demokratie um eine besondere Form der mittelba-ren Demokratie bzw. einer Demokratiestruktur, die sich durchaus mit den ordnungspolitischen Vorstellungen der liberalen repräsentativen De-mokratie vereinbaren läßt[17]. Den verfassungsrechtlich strukturellen Zu-sammenhang stellen insoweit – in entsprechender Konkretisierung der grundsätzlichen demokratischen Konstitutionsprinzipien gemäß Art. 20 I, 28 I GG – die Regelungen des Art. 21 GG (Parteienstaatlichkeit) einerseits und des Art. 38 GG (repräsentative Demokratie; freies Mandat) andererseits dar[18]. Zwischen diesen beiden Regelungen und ihren Ord-nungssystemen entfalten sich zwar auch Spannungslagen; diese gilt es aber gerade nach dem Willen der Verfassung auszugleichen, und, wie die Verfassungswirklichkeit der vergangenen Jahrzehnte zeigt, haben sich die entsprechenden Konflikte doch in relativ engen und vor allem kompro-mißfähigen Grenzen gehalten.

Wie die politische Entwicklung der vergangenen Jahrzehnte insgesamt belegt, hat sich dieses System der parteienstaatlichen Demokratie im Sinne des GG als ebenso leistungsfähig wie stabil erwiesen. Vor allem die Stabilität, die die junge deutsche Demokratie nach dem Zweiten Welt-krieg gerade auf der Grundlage einer kombiniert repräsentativen und parteienstaatlichen Demokratiestruktur entfaltet hat, gehört zu den ver-fassungspolitisch herausragenden Leistungen des grundgesetzlichen Ver-fassungsstaates überhaupt.

---

[14] Siehe in: Rausch (hrsg.), Repräsentation, S. 236.
[15] Siehe in: Rausch (hrsg.), Repräsentation, S. 245.
[16] Kritisch vgl. u. a. Scheuner, in: Rausch (hrsg.), Repräsentation, S. 388 f.; ders., in: Ziebura (hrsg.), Parteienlehre, S. 116 f; Steiger, Grundlagen, S. 167 ff.; Meyn, Kontrolle, S. 135 ff., 262 ff.
[17] Vgl. hierzu schon die Nachw. vorstehend Fn. 16.
[18] Zum Sinnzusammenhang von Art. 21 und Art. 38 GG siehe weiter unten sub 15) mit Nachw. Fn. 106.

4. Politische Systemkritik

Dennoch mehren sich die bereits apostrophierten Krisenzeichen, die
etwa seit dem Ausgang der 60er Jahre zu beobachten sind und die –
freilich unter politisch differenten Vorzeichen – sämtlich in eine grund-
sätzlichere Kritik oder Ablehnung der parteienstaatlich-repräsentativen
Demokratie einmünden oder auf solcher Kritik bzw. Ablehnung beru-
hen. Dies beginnt mit den linken und radikaldemokratischen Theoremen
der sog. außerparlamentarischen Opposition zum Ausgang der 60er
Jahre, die sich – freilich in recht elitärer Weise – vor allem an den
deutschen Universitäten artikulierten und die ohne politisch wirklich
relevantes Echo blieben, wenn man einmal von den verfehlten Experi-
menten mancher sog. „Reformpolitik" an den deutschen Universitäten
und von jenen bis heute noch wirksamen revolutionär-terroristischen
Splittern absieht. Immerhin wurden schon damals die politiktheoreti-
schen Grundlagen für vieles von dem gelegt, was sich heute als nicht mehr
zu unterschätzender, politisch vielmehr sehr wirksamer Tatbestand zu
erkennen gibt. Schon damals wurden – freilich vor allem auf dem univer-
sitären Campus – jene Schlagworte und Kritikformeln geprägt, die heute
in allgemeinerer Form die gesamtpolitische Szene herausfordern. Da
wurde und wird vor allem vom angeblichen Demokratie- oder Legitima-
tionsdefizit des parteienstaatlichen Systems, von der angeblich mangeln-
den Kongruenz und Repräsentanz der gesellschaftlich-ökonomischen
Wirklichkeit durch die gegebenen parteienstaatlichen Mehrheitsverhält-
nisse, von deren angeblich mangelnder Glaubwürdigkeit und Überzeu-
gungskraft, von deren angeblich mangelnder Identifikationskraft, von der
angeblichen Parteien- und Staatsverdrossenheit der Bürger, von der angeblich nur „formalen Demokratie" des GG und – allgemeiner noch – von
der angeblichen „Krise des etablierten Parteiensystems" und vom Erfordernis der demokratisierenden Systemänderung bzw. der „endlichen Öff-
nung" zur „wirklichen, realen, sozialen oder materialen Demokratie"
gesprochen. Politisch wie ideologisch folgen und folgten Behauptungen,
Kritiken und Diskreditierungen dieser Art vor allem aus dem linken
Lager, d.h. aus dem breiten Spektrum derjenigen politischen Überzeugungen, für die das System der liberal-repräsentativen Demokratie ohne-
hin zum Feindbild der zu überwindenden bürgerlichen Demokratie gehört und für deren politische Forderungen wie Überzeugungen die breite
Mehrheit der deutschen Bevölkerung sich bisher nicht zu erwärmen
vermochte. Obwohl das System der liberal-rechtsstaatlichen Demokratie
über genügend Sicherungen auch für die politische Minderheit verfügt,
dieser hinreichend Möglichkeiten zur politischen Artikulation, Mei-
nungswerbung und Oppositionsbildung garantiert, genügte wohl die
Erfahrung, allzu lange mehr oder weniger hoffnungslose Minderheit zu

sein, inzwischen nicht mehr. Es galt daher, jenes System selbst zu diskreditieren und zu überwinden, unter dem es nicht gelang, die Mehrheit der Bürger zu gewinnen und selbst zur Macht zu gelangen. So verstanden und verstehen sich die meisten in der in den vergangenen Jahren erhobenen und propagierten Demokratisierungspostulate in Wahrheit nicht als Forderung und Mittel zur Herstellung von mehr demokratisch-bürgerlicher Gleichheit, sondern zur privilegierenden Begünstigung einzelner Minderheiten oder in der Minderheit stehender Gruppen gegenüber dem mehrheitsgetragenen Allgemeinwillen. Dies war und ist die zentrale politische Strategie gerade linker Ideologen und ihrer doktrinären Demokratietheorien.

5. Unmittelbare Demokratie contra parteienstaatliche Demokratie

Obwohl diese Ursprünge und Motive der politisch gegebenen Kritik relativ offenkundig sind, lassen sich die gegebenen Krisensymptome doch nicht allein auf jenes, vor allem linke Minderheitssyndrom zurückführen. Die Kritik an der parteienstaatlich-mittelbaren Demokratie greift inzwischen nämlich doch weiter und fordert die grundsätzliche Auseinandersetzung. Denn ein gewisses Unbehagen an den gegebenen mittelbar-demokratischen und parteienstaatlichen Strukturen läßt sich in durchaus auch allgemeinerer Form in der Bevölkerung nachweisen, wobei es keineswegs nur des Hinweises auf die politischen Erfolge der Grünen/Alternativen bedarf.

Im Gegenteil, deren Erfolge schließen sich mehr oder weniger nahtlos an die vielfältigen Gestaltungs- und Organisationsprozesse im Bereich der Bürger- und Partizipationsbewegungen an. Im Jahre 1980 wurden rund 1100 regionale und rund 130 überregionale Bürgerinitiativen und/oder Alternativbewegungen im Bundesgebiet gezählt[19] – ein Reservoir, auf das sich die sog. „grüne" oder „alternative" Bewegung ebenso folgerichtig wie erfolgreich stützen kann. Vor allem im Zeichen des gewachsenen ökologischen Bewußtseins sind namentlich auf örtlicher und regionaler Ebene politische Artikulations- und Repräsentationsbedürfnisse vieler Bürger[20] entstanden, die von den politischen Parteien kaum aufgenommen oder aufgefangen werden konnten. Die politischen Parteien haben sich – der flächenstaatlichen Gesamtstruktur des Staatswesens gemäß – auch selbst zu immer deutlicher zentral operierenden und gesamtstaatlich orientierten Organisationen entwickelt, wobei andererseits gerade die Orientierung an

---

[19] Vgl. z. B. die Nachw. bei Abromeit, PVS 1982, 178 (181).

[20] Recht plastisch wird von der „staatsbürgerlichen ‚Do-it-yourself-Repräsentation'" gesprochen (Guggenberger/Kempf, Bürgerinitiativen und repräsentatives System, 1978, S. 181).

gesamtstaatlichen Ordnungs- und Gestaltungszielen sowie gesamtstaatlichen Verantwortlichkeiten zu den wesentlichen Stabilitätsfaktoren der grundgesetzlichen Demokratie insgesamt gehört. Die – so gern mit dem leicht abwertenden Adjektiv „etabliert" versehenen – politischen Parteien haben sich – durchaus folgerichtig – zu Volksparteien entwickelt, wie sie für eine ebenso pluralistisch-offene wie flächenstaatlich-mobile Gesellschaft ebenso adäquat wie gerechtfertigt sind, obwohl die damit verbundenen Verluste an eigenständiger politischer Kontur und differenzierender Identifikationskraft unübersehbar sind[21]. So spricht man gelegentlich auch davon, daß die gegebene parteienstaatliche Demokratie lediglich über eine Reihe von „Konkurrenzparteien" verfüge, zwischen denen der Kampf um (möglichst) wechselnde Mehrheiten stattfinde, deren politisch-inhaltliche Auseinandersetzung aber mehr oder weniger längst hinter der amorphen Anonymität weitgehend identischer Blankettprogramme oder -aussagen verblaßt sei[22]. Auf den ersten und äußeren Eindruck hin mag man kritischen Stellungnahmen dieser oder ähnlicher Art durchaus manche Rechtfertigung einräumen. Dies ändert jedoch nichts daran, daß gerade der Typus einer solchen, programmatisch ebenso offenen und schon von der eigenen Binnenstruktur und vom eigenen Ordnungsanspruch her auf Kongruenz und Integration angelegten Volkspartei am ehesten geeignet erscheint, gegebene gesellschaftspolitische Vielfältigkeiten und Gegensätze auszugleichen bzw. zur staatspolitisch erforderlichen Einheit gerade über das Funktionssystem einer parteienstaatlichen Demokratie zusammenzuführen[23]. Voraussetzung für die Bewahrung solcher staatspolitischen Einheit und für das Gelingen solcher parteienstaatlichen Integration bleibt allerdings ein prinzipielles Maß an politisch-gesellschaftlicher Homogenität in der Gesellschaft[24], an entsprechender Identi-

[21] Siehe hierzu bes. klar etwa R. von Weizsäcker, Krise und Chance unserer Parteiendemokratie, Aus Politik und Zeitgeschichte B 42/1982, S. 3 (5 ff.); siehe auch dens., Krise und Chance der Parteiendemokratie, 1982; siehe neuerdings auch Kimminich, DÖV 83, 222 ff.

[22] Vgl. z. B. sowie m. w. Nachw. Abromeit, PVS 1982, 190 f.; vgl. allgemeiner noch Kirchheimer, in: Ziebura (hrsg.), Parteienlehre, S. 341 (352 ff., 362 ff.: „Allerweltsparteien" mit „begrenzter Integration").

[23] Siehe allerdings auch die sehr entgegengesetzte, die reale (auch staatliche Autorität bildende sowie erhaltende!) Integrationskraft eines entsprechend offenen (Volks-)Parteienwesens freilich unterschätzende Analyse Leisners, Die demokratische Anarchie, 1982, S. 150 ff.

[24] Zur politisch-sozialen Homogenität als grundsätzlicher Funktionsvoraussetzung einer (stabilen) Demokratie (und damit auch einer funktionierenden parteienstaatlichen Demokratie) vgl. bes. Heller, in: Matz (hrsg.), Grundprobleme, S. 7 (9 ff.); C. Schmitt, Verfassungslehre, 4. Aufl. 1965/1928, S. 234 ff.; Böckenförde, Eichenberger-Festschrift, S. 323 f.; Draht, in: Rausch (hrsg.), Repräsentation, S. 260 (290 f.).

fikationsbereitschaft und -fähigkeit bei der Mehrheit der Bürger und der prinzipiell allseitige Konsens darüber, daß politische Einheit, demokratische Mehrheit und gesellschaftliche Integration gerade über den politischen Konkurrenzmechanismus entsprechend offener und gesamtstaatlich operierender Parteien zu erreichen ist.

An diesen Voraussetzungen hat es bisher oder doch bis vor kurzem kaum gefehlt. Die Stabilität der grundgesetzlichen Demokratie gründet sich gerade auf diesen Konsens bei der absoluten Mehrheit der Bürger und auf die grundsätzliche Akzeptanz der Volkspartei als politisch legitimer wie wirksamer Repräsentanz. Andererseits, je zentralistischer sich die gegebenen Strukturen unserer Parteienlandschaft entwickelt und zur demokratischen Stabilität von Bund wie Ländern beigetragen haben, desto mehr sind inhaltlich zwar unterschiedliche, strukturell aber durchaus identische Artikulationsbedürfnisse mehr dezentraler Art oder Richtung aufgetreten – namentlich im örtlichen oder regionalen Bereich sowie vor allem unter ökologischen Vorzeichen. Die bereits erwähnten Bürgerinitiativen bieten hierfür ein beredtes Bild. Je mehr die politischen Parteien auch den örtlich kommunalen Bereich erobert oder dominiert haben, je mehr das örtlich-regionale Element oder politische Lokalkolorit hinter den örtlich-regionalen Repräsentanzen der politischen Parteien zurückgetreten ist, je mehr örtliche Wählervereinigungen oder Rathausparteien in ihren realen politischen Einflußmöglichkeiten zurückgewichen sind, desto stärker haben sich die dezentralen Artikulationsbedürfnisse vor allem ökologisch engagierter Bürger auf das Feld von Bürgerinitiativen und „grünen" Bewegungen verlagert. Hierin lag und liegt ebensoviel politische wie verfassungsrechtliche Konsequenz, auf deren Struktur wie Sinnfälligkeit noch zurückzukommen sein wird.

6. „Basisdemokratie" contra repräsentative Demokratie

Ein politischer wie verfassungsrechtlicher Qualitätssprung liegt – auch gemessen an alledem – in der organisationspolitischen Konzentration der Grünen/Alternativen bzw. in deren Versuch, zur auch staatspolitisch-überregionalen Kraft zu werden. Ohne daß an dieser Stelle bereits die Frage zu beantworten wäre, ob die Grünen/Alternativen eine politische Partei im Sinne der parteienstaatlichen Demokratie des GG oder eine bloße Pseudopartei darzustellen vermögen, ist zunächst von der Realität eines politischen Organisations- und Artikulationsprozesses auszugehen, der nicht nur als solcher in unsere Parlamente Einzug gehalten hat, sondern der auch bereits für manche Erschütterung, wenngleich noch für kein Erdbeben gesorgt hat. Obwohl sich die politische Zusammensetzung und die ideologischen Vorgaben der Grünen/Alternativen recht diffus geben, obwohl sich hier ebenso (bloß) ökologisches Engagement mit vor allem anarchistischen Splittern sowie linken Kadern mischen, die in der parteipolitischen Landschaft der Bundesrepublik Deutschland bisher nahezu ohne jede politisch reelle Behauptungschance geblieben waren, offenbaren doch nicht nur jene seismographischen Ausschläge in unseren Parlamenten einen Konflikt, der für die weitere Zukunft der grundgesetzlichen Demokratieverfassung von ausschlaggebender Bedeutung werden könnte.

Im Kern geht es um die repräsentative Demokratie und ihre parteienstaatliche Ausgestaltung. Auf ihre Strukturen sind Angriff und Kritik gerichtet. Ihre Strukturen werden mit den angeblichen Alternativen einer „wahrhaften" oder „materialen Basisdemokratie" oder mit den angeblich besonders legitimierten Verhaltensweisen einer „Fundamentalopposition" konfrontiert, die wiederum und ebenso angeblich allein imstande sei, über die reklamierten Demokratie- und/oder Legitimationsdefizite der parteienstaatlich-parlamentarischen Demokratie hinwegzuführen[25].

So different und diffus das Bild und die politischen Verhaltensweisen der Grünen/Alternativen realiter (noch) sind, so lassen sich doch die grundsätzlichen Konturen ihrer Zielsetzungen, ihrer politischen Programmatik und ihrer ideologischen Orintierungen inzwischen einigermaßen ausmachen. Die wichtigste Beobachtung ist die, daß die Grünen/ Alternativen sich prinzipiell nicht als parlamentarische Kraft verstehen bzw. das Parlament nicht als das Zentrum ihrer politischen Aktivitäten begreifen. Ihr Zentrum heißt vielmehr: „Basisdemokratie", soll also und vornehmlich im außerparlamentarischen Raum liegen. Dies dokumentiert nicht nur jenes sinnfällige Wort vom „parlamentarischen Spielbein" und vom „außerparlamentarischen Standbein", mit dem die Berliner Alternativen vor der Wahl zum Berliner Abgeordnetenhaus im Sommer 1981 kokettierten.

---

[25] Vgl. näher – außer den im folgenden zitierten Nachweisen – die Beiträge von Berger/Kostedde, J. Fischer, „Graue Zellen Westberlin", J. Hirsch, J. Huber, Offe, Seitz, Agnoli, Ebermann, in: Kraushaar u. a. (hrsg.), Was sollen die Grünen im Parlament?, 1983, S. 13 ff., 35 ff., 47 ff., 56 ff., 68 ff., 85 ff., 113 ff., 120 ff. (= TAZ vom 18.2.1983), 139 ff.; die Beiträge von Mettke, Jänicke, Hoplitschek, Hasenclever, Mombaur, Bock, Narr, in: J. R. Mettke (hrsg.), Die Grünen. Regierungspartner von morgen?, 1982, S. 7 ff., 69 ff., 82 ff., 101 ff., 135 ff., 146 ff., 242 ff; Murphy u. a. (hrsg.), Protest, Grüne, Bunte und Steuerrebellen – Ursachen und Perspektiven, 1979; Guggenberger, Bürgerinitiativen in der Parteiendemokratie, 1980; Hasenclever/Hasenclever, Grüne Zeiten, 1982; Hasenclever, ZfParl 1982, 417 ff.; J. Huber, Basisdemokratie und Parlamentarismus, in: Aus Politik und Zeitgeschichte B 2/83, S. 33 ff.; Schorr, Stimmen der Zeit 1982, S. 753 ff.; Adamietz, KJ 81, 384 ff.; w. Nachw. siehe bei Kimminich, DÖV 83, 223 Fn. 50.

In § 2 der Satzung der „Alternativen Liste – Für Demokratie und Umweltschutz in Berlin" (AL) heißt es als „Zweck":

> „Die Alternative Liste sieht es als ihre Aufgabe an, politische Arbeit in Wohnbezirken und Stadtteilen, am Arbeitsplatz und in anderen Lebensbereichen zu leisten, indem Bürger, Arbeiter, Angestellte, Frauen, Mieter usw. über ihre bisherige politische Arbeit hinaus ihre eigenen Interessen in die Hände nehmen, sich zusammenschließen und sich gegen die etablierten Parteien zur Wahl stellen.
>
> Die Alternative Liste dient so der Schaffung einer weiteren politischen Öffentlichkeit für die Basis- und Bürgerinitiativbewegung, der Vertretung ihrer Ziele auch in Parlamenten, ihrer Stärkung und einer politischen Kräfteverschiebung in ihrem Sinne. Die Alternative Liste will all diejenigen, die sich nicht oder nicht mehr durch die etablierten Parteien vertreten sehen, darin bestärken, ihre Forderungen nach einer grundsätzlichen Alternative selbst aktiv in die Hände zu nehmen.
>
> Die Alternative Liste ist eigenständig gegenüber Parteien und parteiähnlichen Organisationen".

Satzungsmäßg wird die Vertretung im Parlament, die Teilnahme an den Wahlen zum Parlament also durchaus als Form der politischen Betätigung genannt. Der inhaltliche Vorgang der außerparlamentarischen bzw. „basismäßigen" und gerade gegen die Parteien gerichteten politischen Arbeit wird jedoch deutlich hervorgehoben[26]. Noch klarer ist das Programm der Grünen aus dem Jahre 1980, das die Bundespartei auf die folgenden „vier Grundsätze" festlegt: „Sie ist ökologisch, sozial, basisdemokratisch und gewaltfrei". Das wichtigste Element der „Basisdemokratie" wird wie folgt präzisiert:

---

[26] Zuletzt belegen dies die Äußerungen der Grünen nach der Bundestagswahl vom 6. 3. 83: Hier wurde davon gesprochen, daß das (noch zu verstärkende) Schwergewicht der politischen Arbeit der Grünen außerhalb der Parlamente läge bzw. bleibe (Trampert), daß man „Widerstand innerhalb des Parlaments" leisten werde (Maren-Griesbach und P. Kelly) – vgl. FAZ und Die Welt vom 8. 3. 83 –, daß man sich an Geheimhaltungsvorschriften nicht oder nur teilweise halten werde (Bastian, Schily) bzw. daß man die „indiskrete Demokratie" herbeiführen werde (Schily) – Die Welt vom 8. 3. 83. Daß man in letzterer Hinsicht, zur Frage der Geheimhaltungspflichten der Abgeordneten, sich auf die eigene Gewissensfreiheit als Abgeordneter beruft bzw. aus deren Sicht geltend macht, daß auch das Geheimhaltungserfordernis dem Gewissensentscheid des einzelnen Abgeordneten unterläge bzw. daß man selbst am besten beurteilen könne, was geheimhaltungspflichtig sei (Bastian), oder daß man erklärt, wo es um Lebenserhaltungsinteressen (o. ä.) gehe, dort könne es keine Geheimhaltungspflichten geben, stellt im Grunde nur eine Pervertierung des Prinzips der Gewissensfreiheit des Abgeordneten (Art. 38 I 2 GG) dar. Denn selbstverständlich gelten allgemeine Geheimhaltungsinteressen des Staates auch für die Abgeordneten des Bundestages. Die Einzelheiten hierzu legt die Geheimschutzordnung des Deutsches Bundestages im Rahmen der Geschäftsordnung des Deutschen Bundestages fest (Geschäftsordnung i. d. F. der Bekanntmachung vom 25. 6. 1980, BGBl. I S. 1237).

„Basisdemokratische Politik bedeutet verstärkte Verwirklichung dezentraler, direkter Demokratie. Wir gehen davon aus, daß der Entscheidung der Basis prinzipiell Vorrang eingeräumt werden muß... Wir sind deshalb entschlossen, uns eine Parteiorganisation neuen Typs zu schaffen, deren Grundstrukturen in basisdemokratischer und dezentraler Art verfaßt sind, was nicht voneinander zu trennen ist. Denn eine Partei, die diese Struktur nicht besitzt, wäre niemals in der Lage, eine ökologische Politik im Rahmen der parlamentarischen Demokratie überzeugend zu betreiben. Kerngedanke ist dabei die ständige Kontrolle aller Amts- und Mandatsinhaber und Institutionen durch die Basis (Öffentlichkeit, zeitliche Begrenzung), um die jederzeitige Ablösbarkeit, Umorganisation und Politik für alle durchschaubar zu machen und um der Loslösung einzelner von ihrer Basis entgegenzuwirken".

In dieser programmatischen Festlegung werden bereits die elementaren Differenzen zum System der parlamentarischen Demokratie und ihres Grundprinzips, des freien Mandats, deutlich. Andererseits wird der „Rahmen der parlamentarischen Demokratie" durchaus als Aktionsfeld hervorgehoben.

Sehr viel dezidierter äußert sich dagegen das Wahlprogramm der Grünen/Alternativen Liste Hamburg (GAL) vom Mai 1982:

„Wir verstehen uns als einen Bestandteil der außerparlamentarischen Emanzipationsbewegungen, deren Widerstand und Ziele wir auch ins Parlament tragen wollen.

Aus der Praxis der außerparlamentarischen Bewegungen haben wir wesentliche Grundsätze übernommen: Alle Abgeordneten sind an Beschlüsse der gemeinsamen Mitgliederversammlung von ‚Grünen' und ‚Alternativer Liste' gebunden; sie unterliegen dem Imperativen Mandat. Die gewählten Abgeordneten werden entsprechend dem Rotationsprinzip nach zwei Jahren Parlamentsarbeit vollständig abgelöst.

Nur so ist eine ständige Anbindung gewählter Funktionsträger an ihre Basis möglich".

7. Imperatives Mandat, Rotationsprinzip und Rätesystem

Das Bekenntnis zum imperativen Mandat und das sog. Rotationsprinzip, d. h. das periodische Auswechseln gewählter Mandatsträger in den Parlamenten[27], gehören inzwischen zu den allgemein betonten Grundsät-

---

[27] Rechtlich wie politisch ist zwischen zwei Varianten des sog. Rotationsprinzips zu unterscheiden: Zum Ersten das „rein ablösende Rotationsprinzip", das sich auf die Ablösung gewählter Mandatsträger und das (dann automatische) Nachrücken der folgenden Listenkandidaten beschränkt; zum Zweiten das „neu auswählende Rotationsprinzip", demzufolge die nachrückenden Kandidaten durch eine parteipolitische Entscheidung (z. B. durch die Wahlentscheidung eines Parteigremiums, einer „Vollversammlung" irgendwelcher „spontaner" Gremien o. ä.) unter den Listenkandidaten mit neuer konstitutiver Wirkung ausgewählt werden. Den letzteren Weg hat z. B. die Alternative Liste Berlin für ihre Mandatsträger im Berliner Abgeordnetenhaus zum Sommer 1983 angekündigt (vgl. Tagesspiegel vom

zen der Grünen/Alternativen. Die verfassungsrechtlichen Einwände oder Folgerungen, die sich an dieses Bekenntnis knüpfen, werden noch näher darzustellen sein[28]. Im momentanen Zusammenhang geht es zunächst um das grundsätzliche Verhältnis der Grünen/Alternativen zum Parlamentarismus und zur parteienstaatlichen Demokratie:

Die Vorstellung von der „Basisdemokratie" erinnert bei näherem Zusehen deutlich an das Rätesystem im Sinne sozialistischer Demokratietheorien. So heißt es z. b. im Landesprogramm der Hessischen Grünen, „daß die Betroffenen selbst Entscheidungen darüber treffen, was, wie und wo produziert wird", und daß die ökonomischen wie gesamtgesellschaftlichen Interessen durch „Wirtschafts- und Sozialräte" getroffen werden sollen, denen entsprechende Entscheidungskompetenzen „im Rahmen übergeordneter, ökologischer und sozialer Gesamtinteressen" einzuräumen seien. Obwohl entsprechende Systemvorstellungen keineswegs neuer Art sind, dokumentieren sie – gerade im Sinnzusammenhang mit den Zielvorstellungen eines imperativen Mandats, eines Rotationsprinzips und einer entsprechend dezentralen Kompetenzgestaltung – die prinzipielle Verwandtschaft mit den Vorstellungen eines (sozialistischen) Rätesystems, das wiederum seinerseits mit dem System der parlamentarischen Demokratie nicht zu vereinbaren ist.

Neben diesen programmatischen Aussagen stehen einzelne politische Bekundungen, die sich noch ungleich dezidierter gegen die parlamentarische Demokratie wenden. So erklärte z. B. die hessische Politikerin Gertrud Schilling anläßlich des vieldiskutierten Besuchs einiger Grüner beim libyschen Staatsoberhaupt Ghaddafi: Die Grünen haben sich „zum Ziel gesetzt..., letztlich die Parlamente abzuschaffen, das heißt direkte Demokratie zu praktizieren"; bzw.: „Wir wollen die parlamentarische

---

17.10.82 und Süddeutsche Zeitung vom 18.10.82). Verfassungsrechtlich sind beide Formen des Rotationsprinzips zu beanstanden, wobei im zweiten Fall das Ausmaß des Verfassungsverstoßes noch gravierender ist (Manipulation auch der – notwendig starren! – Wahlliste). Hinsichtlich der verfassungsrechtlichen Einzelheiten siehe noch unten sub. 16).

Rechtlich bestehen auch keine Unterschiede zu dem Verfahren, das die grüne Bundestagsfraktion für ihre Mitglieder angekündigt hat und demzufolge nur derjenige Abgeordnete sein Mandat über die volle Legislaturperiode von 4 Jahren behalten soll, der von der jeweiligen Landesversammlung der Grünen mit mindestens 70% der Stimmen in seinem Mandat bestätigt wird (vgl. Die Welt vom 8.3.83).

[28] Ohne Belang sind hierbei Selbstbekenntnisse, wie die des Berliner AL-Abgeordneten Jänicke, der in: Mettke (hrsg.), Die Grünen, S.69 (76 f.), schreibt, daß er mit dem imperativem Mandat und dem Rotationsprinzip „keine Probleme" gehabt habe, dabei freilich einräumt, „in dieser Hinsicht (zunächst) keineswegs sicher" gewesen zu sein.

Demokratie beseitigen"[29]. Petra Kelly erklärte auf dem Bundeskongreß der Grünen im November 1982: „Wir lassen uns ... nicht parlamentarisieren". W.-D. Hasenclever schreibt in der Zeitschrift für Parlamentsfragen 1982 über die „Aufgaben in den Parlamenten"[30]:

> „Wir wollten vor allem Sprachrohr für die außerparlamentarische Bewegung sein – das, was viele Menschen ‚vor Ort' bewegt, im Parlament hörbar machen und weiterhin das Parlament als Möglichkeit der Einleitung von Bewußtseinsveränderungsprozessen in der Öffentlichkeit, aber auch bei den ‚etablierten' Parteien nutzen. ... Von einem ‚fundamentaloppositionellen' Ansatz her wird man auch in Verhandlungen versuchen aufzuweisen, daß das ‚System' gar nicht wandlungsfähig ist, daß Veränderungen nur ‚von draußen' erzwungen werden können und daß daher eine Zusammenarbeit mit anderen Parteien nur mit dem Preis des Verrats an der eigenen Sache erfolgen kann".

Die Hessischen Grünen versuchen in ihrem Landesprogramm ihre Zielsetzung „direkter Demokratie" dahin zu erklären: „diese repräsentative Demokratie zu verändern – hin auf die Selbstbestimmung und Selbstverwaltung der Betroffenen in dezentralen überschaubaren gewachsenen Lebensräumen". Man begreife sich als Gegenbewegung zu den parlamentarischen Parteien und registriert in diesem Zusammenhang die große Zahl von „Basisbewegungen (Frauenbewegung, Alternativbewegung, Umweltschutz- und Antikernkraftbewegung, Bürgerinitiativen, Friedensbewegung)". „Immer mehr Bürger stehen auf und nehmen ihre Interessen selbst in die Hand"; diese Interessen gelte es zu stärken und zunächst einmal in die bestehenden parlamentarischen „Entscheidungszentren" einzubringen. Erforderlich sei dazu neben der „außerparlamentarischen Bewegung" eine „alternative parlamentarische Kraft".
Neben diesen deutlich anti- oder außerparlamentarischen Erklärungen stehen andere Verlautbarungen, denenzufolge die Rolle des Parlaments bzw. der parlamentarischen Demokratie eher akzeptiert wird. So erklärte z. B. Petra Kelly[31]:

> „Wir sind nicht dazu da, ein Parlament abzuschaffen. Wir wollen jedoch das System der parlamentarischen Demokratie glaubwürdiger und transparenter machen. Die Grünen wollen innerhalb des Systems der parlamentarischen Demokratie auch die Parlamente verändern".

Selbst solche Äußerungen offenbaren jedoch noch tiefe Distanzen zum Parlamentarismus und zur repräsentativen Demokratie[32]. Grüne oder

---

[29] Vgl. z. B. FAZ vom 23. 7. 82.
[30] S. 420.
[31] Vgl. FAZ vom 28. 7. 82.
[32] Besonders deutlich und das offenkundig völlig anders geartete Parlamentarismusverständnis offenbarend die Antwort des Vorsitzenden der Grünen R. Trampert in einem Spiegel-Gespräch („Was heißt schon unregierbar?". – Der Spiegel

alternative „Basisdemokratie" wird als definitives Gegenstück bzw. als „Alternative" zum Parlamentarismus und zur repräsentativen Demokratie vorausgesetzt und propagiert. Nur die Einsicht, daß unter den gegebenen politischen Verhältnissen politische Aktivitäten in wirksamer Form letztlich allein über die Parlamente entfaltet werden können, führt zum (notwendigen) taktischen Kompromiß, den W.-D. Hasenclever in der Zeitschrift für Parlamentsfragen 1982 wie folgt umschreibt[33]:

> „Grüne Politik ist also ein zweifacher Drahtseilakt: Zum einen zwischen parlamentarischem Weg und außerparlamentarischer Opposition und zum anderen zwischen dem Aufrechterhalten fundamentaler Positionen und der Kompromisse erfordernden praktischen Durchsetzung eigener wichtiger inhaltlicher Forderungen".

8. „Fundamentalopposition" contra demokratischer Rechtsstaat

Vergleicht und mißt man die praktische politische Arbeit, die die Grünen/Alternativen in denjenigen Parlamenten geleistet oder verfolgt haben, in denen sie bisher vertreten sind, so werden die Ambivalenzen jenes taktischen Kompromisses und die tatsächlichen Prioritäten noch deutlicher[34]. Vor allem ihre tatsächlich ablehnende Haltung gegenüber dem Parlamentarismus und der repräsentativen sowie rechtsstaatlichen Demokratie sieht sich noch offenkundiger belegt.

Von zentraler Bedeutung ist vor allem das Verhältnis der Grünen/ Alternativen zur Gewalt und zum parlamentarisch-demokratischen Rechtsetzungsmonopol. Das Parlament ist höchster Träger der Legislative; bei ihm sieht sich im System des demokratischen Rechtsstaats alle Rechtsetzungsmacht konzentriert. Der demokratische Rechtsstaat behält dem Staat bzw. seinen parlamentarisch-gesetzgeberisch ermächtigten Aufgaben- und Hoheitsträgern das Rechts- und Gewaltmonopol vor, um den Rechtsfrieden in der Gesellschaft sowie die Gleichheit aller Bürger

---

vom 21. 2. 83 –) auf die Frage „Wollen Sie die parlamentarische Demokratie abschaffen und durch eine Basis-Demokratie ersetzen?". „Nein. Wir wollen die Volksvertretung nicht abschaffen, sondern verbessern. D. h. erst mal, demokratische Rechte zu verteidigen. Wir wollen keine Berufsverbote für politisch Unliebsame, keine Haftstrafen für Demonstranten und keinen Überwachungsstaat. Darüber hinaus wollen wir die Entscheidungsrechte der Bürger in den Kommunen und der Arbeitnehmer in den Betrieben stärken". – Gleichgültig, wie man zu diesen konkreten politischen Forderungen und Auffassungen steht, mit der strukturellen Frage des parlamentarischen Systems und seiner Akzeptanz haben diese Forderungen, Auffassungen o. ä. nichts zu tun.

[33] S. 422.
[34] Instruktiv hierzu namentlich die Analyse von Scharping/Hofmann-Göttig, ZfParl 82, 391 ff.

vor Gesetz und Recht zu gewährleisten"[35]. Ein Bekenntnis zum Parlamentarismus bedingt daher vor allem das prinzipale Legitimationseinverständnis mit der parlamentarisch-demokratischen Legislativhoheit und die Akzeptanz des staatlichen Rechts- und Gewaltmonopols. Gerade dieses Legitimationseinverständnis oder diese Akzeptanz sieht sich von den Grünen/Alternativen bisher jedoch verweigert. Grüne und Alternative reklamieren vielmehr das Recht zum Widerstand, das Recht zur „Gegen-Gewalt" gegenüber staatlich-gesetzlicher Hoheitsmacht. Sie behaupten, daß zwischen der Legalität und Legitimität staatlicher Gewaltausübung ein „offensichtlicher Widerspruch" bestehe, der eigene Gewalt und die Verletzung von Gesetz und Recht (zumindest) dort legitimiere, wo es darum gehe, „unseren Forderungen Nachdruck" zu verleihen. Dazu gehören „Besetzungen, Straßenblockaden, Streiks, Demonstrationen, auch wenn sie verboten sind"[36].

Ausdrücklich wird Gerichtsentscheidungen der Gehorsam verweigert; denn der Widerstand gegen die „lebensbedrohende Gewalt der herrschenden Verhältnisse" sei „unabdingbar notwendig" bzw. eine „Überlebensfrage"[37]. Gelegentlich wird zwar von einem prinzipiellen Bekenntnis zur „Gewaltfreiheit" gesprochen; was dies jedoch konkret bedeutet, dokumentiert z. B. das Landesprogramm der Hessischen Grünen wie folgt:

> „Gewaltfreiheit bedeutet keineswegs die Passivität der Betroffenen, sondern einen aktiven Einsatz gegen Gewaltstrukturen und eine sich verselbständigende Herrschaftsordnung, wobei unter Umständen auch Widerstand gegen staatliche Maßnahmen nicht nur legitim, sondern auch erforderlich sein kann. Gewaltfreiheit schließt in jedem Fall die Verletzung von Personen aus".

Der bereits Ausgang der 60er Jahre von der seinerzeitigen außerparlamentarischen Opposition zitierte, angeblich qualitative Gegensatz zwischen einer „Gewalt gegen Personen" und einer (angeblich bloßen) „Gewalt gegen Sachen" kehrt hier deutlich wieder. Er verbindet sich mit

---

[35] Zum Selbstverständnis der Grünen/Alternativen siehe auch mit empirischem Bezug z. B. Adamietz, KJ 81, 384 ff.; Hasenclever, ZfParl 82, 417 ff. sowie allgemeiner bereits die Nach- und Weiterverweise oben Fn. 25.

[35] Vgl. dazu näher sowie zum folgenden R. Scholz, NJW 83, 705 (706 ff.)

[36] Beschlußvorlage zur Mitgliedervollversammlung der Alternativen Liste am 4. 12. 1982: „Programmatische Erklärung der Alternativen Liste zum Demokratischen Grundrecht auf Widerstand gegen die Gewalt der herrschenden Verhältnisse," Berlin November 1982.

[37] Beschlußvorlage der Berliner AL, a. a. O. – Siehe auch jüngst die Mitgliederversammlung der AL vom 29. 4. 83, in der man sich nicht auf eine mehrheitliche Absage zum Ergreifen von Gewalt einigen konnte und wonach – laut TAZ vom 2. 5. 83 – sich mindestens „50 Prozent" „auf ein ‚Naturrecht auf Widerstand' " berufen oder verlassen könnten (zur betreffenden Mitgliederversammlung sh. auch Tagesspiegel vom 1. 5. 83).

Vorstellungen, wie denen vom „zivilen Ungehorsam" oder von einem „Widerstandsrecht", das mit den Grundsätzen des verfassungsrechtlich garantierten Widerstandsrechts im Sinne des Art. 20 IV GG indessen in gar keiner Weise zu vereinbaren ist[38]. Die Fraktion der Grünen im Hessischen Landtag erklärte im November 1982, daß sie Gewalt gegen Personen zwar grundsätzlich ablehne, doch müsse die Frage, ob Gewalt gegen Sachen ausgeübt werden dürfe, „von Fall zu Fall überprüft" werden. Es könne Situationen geben, in denen „im traditionellen Sprachgebrauch zu Gewalt gegen Sachen gegriffen werden muß, um seine Position deutlich zu machen". Wenig trostreich für den Rechtsstaat heißt es weiter: Bei Gewalt gegen Sachen müsse allerdings „mit den zahmsten Mitteln" begonnen werden, „Eskalationen" seien nach Möglichkeit zu vermeiden[39].

9. „Betroffenen-Demokratie" contra gewaltenteilige Demokratie

Betrachtet man die praktische Arbeit der Grünen/Alternativen in den Parlamenten, so dominiert vor allem das Engagement in ökologischen Fragestellungen sowie die Konzentration auf ganz konkrete, als politisch relevant empfundene Fragestellungen. Sei es, daß es um die polizeiliche Räumung eines besetzten Hauses geht, daß es um die Ausweisung bestimmter Ausländer geht, daß es um das Fällen einzelner Bäume aus Gründen eines Straßen- oder Flughafenbaus geht, stets konzentriert sich das primäre politische Interesse der Grünen/Alternativen auf ganz konkrete Problemstellungen, deren politischer Bezug jedoch grundsätzlich nicht in den Zuständigkeitsbereich des Parlaments, sondern in den der Exekutive fällt. Gesamtstaatlich relevanten bzw. genuin-parlamentarischen (Steuerungs-)Fragen und Aufgaben gilt dagegen deutlich mindere Interessiertheit – vermischt und getragen überdies von einem häufig außerordentlichen Maß an Naivität (z. B. in finanzpolitischen Fragen) und manchmal fast anarchischer Freude an der politischen Karikatur[40]. Engagiert ist man dagegen dort, wo man das Parlament als Instrument zur Regelung oder Beeinflussung verwaltungsmäßiger Einzelfallentscheidun-

---

[38] Vgl. hierzu näher R. Scholz, NJW 83, 706 ff.

[39] Vgl. FAZ vom 12. 11. 82.

[40] Vgl. aufschlußreich etwa die Nachw. bei Scharping/Hofmann-Göttig, ZfParl 82, 391 ff.; siehe treffend auch z. B. Meier-Bergfeld, „Die Grünen und die Politik des Regenbogens" (Rheinischer Merkur vom 26. 11. 1982) sowie J. Fischer, in: Kraushaar u. a. (hrsg.), Was sollen die Grünen im Parlament?, S. 42: „Parlamentarisch beschränkt sich der grüne Fundamentalismus auf die Formulierung radikaler Anträge, die man wohl als ‚Schaufensteranträge' bezeichnen darf, ...".

gen nutzen oder mißbrauchen kann; man sucht es zum Forum der programmatisch verfolgten „Betroffenen-Demokratie" bzw. einer entsprechend unmittelbar-partizipativen Basisstaatlichkeit umzukehren. Indessen, Ziele und Aktivitäten dieser Art verkennen und mißdeuten die Funktion und Legitimation des Parlaments in grundlegender Weise. Denn im System der parlamentarischen Demokratie und ihrer rechtsstaatlichen Struktur ist für die Abgrenzung von Legislative und Exekutive der Grundsatz der Gewaltenteilung maßgebend (Art. 20 II 2 GG).

Das Parlament hat die politisch grundlegenden, steuerungsmäßig allgemeingültigen Entscheidungen zu treffen; bei ihm ressortiert demgemäß vor allem die Gesetzgebung. In ihr bzw. in den allgemeinen Gesetzen hat sich die politische Grundordnung des demokratischen Gemeinwesens zu realisieren – die prinzipiellen Kompromißnotwendigkeiten der pluralistischen Demokratie miteinschließend. Die Verwaltung hat dagegen die Gesetze zu vollziehen, wobei dieses exekutivische Mandat (ebenso wie das legislative Mandat dem Parlament) der Exekutive verfassungsrechtlich vorbehalten ist, also auch nicht zur Disposition eines sich als Quasi-Exekutive gebärdenden Parlaments steht.

Von den Grünen/Alternativen wird dies indessen nicht akzeptiert. Ihre Verhaltensmaxime oder ihr Prinzip heißt unmittelbare Demokratie, „Basisdemokratie" oder „demokratische Entscheidung" auch im Parlament nach Maßgabe der konkreten „Betroffenheit" einzelner Bürger. Ob jene „Betroffenheiten" nicht ihrerseits durch bestimmte Gesetze geregelt sind, also allein Gegenstand bestimmter exekutivischer Zuständigkeiten sind o. ä., interessiert grundsätzlich nicht. Obwohl die Gefahren eines solchen Mißbrauchs des parlamentarischen Mandats bzw. solcher Durchbrechungen des Prinzips der Gewaltenteilung offenkundig sind, erliegen der Verführungskraft solcher, im Grunde antiparlamentarischer Strategien gelegentlich auch Parteien und Parlamentarier, deren Bekenntnis zur parlamentarischen Demokratie i. ü. unzweifelhaft ist. Gerade in den Landesparlamenten sind Tendenzen und Gefahren dieser Art in immer stärkerem Ausmaß zu beobachten. Nachdem die Entwicklung der Gesetzgebungszuständigkeiten im Bundesstaat nämlich immer mehr zentripetale Züge angenommen hat, die Substanz der den Ländern offenstehenden Gesetzgebungszuständigkeiten zugunsten des Bundes immer stärker zusammengeschmolzen ist, scheint die Versuchung für manche Partei und manchen Parlamentarier manchmal wirklich zu groß zu sein, sich neue oder kompensatorische Betätigungsfelder im Bereich (genuin-)exekutivischer Angelegenheiten zu suchen. Solchen Neigungen oder Bestrebungen kommen jene Tendenzen noch entgegen, die – vor allem im Zeichen ökologischer Zielsetzungen oder verstärkt ökologischer Bewußtseinsbildungen – entscheidungstheoretisch ganz allgemein zu verstärkten Inhal-

24

ten einer „Politisierung des Konkreten" tendieren, wie sie Th. Öhlinger treffend umschrieben hat[41]. Je größer die realen Durchsetzungsschwächen für Allgemeininteressen bzw. für deren „abstrakten" Allgemeinheitsbezug in der politischen und auch parlamentarischen Realität werden[42], desto mehr wächst das politische und entsprechend politisierende Interesse für konkrete Fall- und Problemstellungen. Welche Gefahren für einen verantwortlichen und einheitswahrenden Parlamentarismus aus solchen Entwicklungen oder Tendenzen erwachsen können, liegt auf der Hand. Jedenfalls unübersehbar sind hier reale Entwicklungsgänge und politische Tendenzen, die den erklärt außer- bzw. antiparlamentarischen Bestrebungen gerade der Grünen/Alternativen entschieden entgegenkommen.

10. Demokratiestaatliche Repräsentation und rechtsstaatlicher Minderheitenschutz

Zielsetzung wie Realität weisen die Grünen/Alternativen nach alledem als eine politische Bewegung aus, die sich bewußt nicht in das System der repräsentativen Demokratie einfügt. Die Vorstellungen von einer unmittelbaren „Basisdemokratie" bzw. einer „dezentralen Betroffenen-Demokratie" verlassen und sprengen in der Konsequenz den verfassungsrechtlichen Ordnungsrahmen der parlamentarischen Demokratie[43]. Ob es richtig ist, mit H. Oberreuter bereits die Frage nach einem „Abgesang auf einen Verfassungstyp?" zu stellen[44], mag dahinstehen. Mit ihm ist immerhin und jedenfalls zu konstatieren, daß die vorstehend skizzierten politischen Vorstellungen und Aktivitäten der Grünen/Alternativen jedenfalls „aktuelle Herausforderungen und Mißverständnisse der parlamentarischen Demokratie" darstellen[45]. Das GG anerkennt keine „Basisdemokratie" im postulierten Sinne. Das GG anerkennt kein Rätesystem, gleichgültig ob dies sozialistisch-marxistischer oder anders begründeter Provenienz ist[46].

---

[41] Vgl. in: Krawietz/Topitsch/Koller, Ideologiekritik und Demokratietheorie bei Hans Kelsen, Rechtstheorie Beiheft 4, 1982, S. 215 (223 f.).

[42] Siehe dazu bes. Forsthoff, Der Staat der Industriegesellschaft, 1971, S. 121; ders., Rechtsstaat im Wandel, 2. Aufl. 1976, S. 94; gerade im hiesigen Kontext mit Recht auf Forsthoff verweisend siehe Böckenförde, Eichenberger-Festschrift, S. 309 m. Fn. 28.

[43] Vgl. auch Steffani, Zur Vereinbarkeit von Basisdemokratie und parlamentarischer Demokratie, Aus Politik und Zeitgeschichte B 2/83, S. 3 (7 ff.); Oberreuter, Abgesang auf einen Verfassungstyp?, Aus Politik und Zeitgeschichte B 2/83, S. 19 (20 ff.); Böckenförde, Eichenberger-Festschrift, S. 305 ff.; a. A. J. Huber, Basis-Demokratie und Parlamentarismus, Aus Politik und Zeitgeschichte B 2/83, S. 33 (44 f.).

[44] In: Aus Politik und Zeitgeschichte B 2/83, S. 19.

[45] Vgl. a. a. O., S. 19.

[46] Vgl. z. B. Oberreuter, a. a. O., S. 20 f.; Herzog, in: Maunz/Dürig, GG, Art. 20 Rdn. 66 ff.

Das GG anerkennt keine „Betroffenen-Demokratie" im Sinne einer demokratiestaatlich-parlamentarischen Konstitutionsform.

Der rechtliche und politische Schutz „Betroffener" bzw. einzelner Minderheiten ist im System des grundgesetzlichen Verfassungsstaates anders plaziert, und zwar im Gewährleistungsgefüge der Grundrechte und des Rechtsstaates. Die besondere rechtsstaatlich-demokratische Funktion der Grundrechte liegt gerade darin, Minderheiten vor der potentiellen Allmacht von Mehrheitswillen zu schützen. In der rechtsstaatlichen Demokratie sind auch die Rechte der demokratischen (parlamentarischen) Mehrheit an die elementaren Rechtsgrundsätze von Rechtsstaatlichkeit und Grundrechten gebunden. Aus dieser Bindung erfließt jener spezifische Minderheitenschutz, der gerade auch und insbesondere allen radikaldemokratischen Vorstellungen definitive Grenzen setzt[47]. Folgerichtig gehört ein großer Teil der Partizipations- und Demokratisierungsdebatte des vergangenen Jahrzehnts nicht in den Kontext des staatsrechtlichen Demokratieprinzips, sondern in den Kontext von grundrechtlichen Freiheits- und materiellen Rechtsstaatsgarantien[48]. Gegenteilige Begründungsversuche hat es zwar immer wieder gegeben; vor den verfassungsrechtlichen Ordnungs- und Verteilungsvorhaben von Demokratieprinzip einerseits und Rechtsstaatsprinzip andererseits haben diese jedoch nie Bestand haben können. Hieran ändert sich auch im Lichte neuer Entwicklungen nichts. Es ist zwar richtig, daß die Ziele eines partizipativen Betroffenen-Schutzes, vor allem im ökologischen Bereich und dort repräsentiert namentlich durch Bürgerinitiativen, über die Grünen/Alternativen auch in die Parlamente eingedrungen sind. Dies ändert jedoch nichts daran, daß der staatsrechtlich-parlamentarische Ordnungsrahmen und seine, vor allem durch das Gewaltenteilungsprinzip mitdefinierten Ziel- und Ordnungsvorhaben maßgebend bleiben. Auch die „parlamentarische" bzw. „im Parlament vertretene Bürgerinitiative" ist nicht geeignet, den eigenen Charakter als grundrechtlich geschützter Minder-

---

[47] Zu den gegenteiligen Konsequenzen siehe äußerst anschaulich Leisner, Demokratische Anarchie, S. 133 ff.

[48] Vgl. hierzu u. a. Schmitt Glaeser, VVDStRL 31, 179 (221 ff., 240 ff.); Blümel, Forsthoff-Festschrift, 2. Aufl. 1974, S. 9 (10 ff.); Öhlinger, in: Krawietz/Topitsch/ Koller, Ideologiekritik und Demokratietheorie bei Hans Kelsen, S. 224 ff.

Abwegig sind z. B. Demokratisierungspostulate bzw. Rufe nach (unmittelbar-demokratischen) Entscheidungsmechanismen (Volksbefragung, Volksentscheid) bei (parlamentarisch entschiedenen oder kraft gesetzgeberischer Ermächtigung) exekutivischen Planungsvorgängen, wie z. B. der Entscheidung über die Startbahn eines Flughafens (siehe richtig hierzu Blümel/Ronellenfitsch, Die Verfassungswidrigkeit des Volksbegehrens und Volksentscheids „Keine Startbahn West", Speyerer Arbeitshefte 40, 1982, A S. 17 ff.; nicht richtig dagegen v. Pestalozza, NJW 82, 1571 ff.; Steinberg, ZRP 82, 113 ff.).

heit noch die Idee der parlamentarischen Demokratie selbst zu verändern. Zum verfassungsrechtlichen Problem und zur Gefahr für die parlamentarische Demokratie werden entsprechende Bewegungen oder Entwicklungen erst dann, wenn sie ein so hohes Maß (auch) an parlamentarischer Macht oder Repräsentanz erreichen, daß sie die Funktionen und Balancen des Parlamentarismus selbst, d. h. von innen her, angreifen oder gar aushöhlen können.

Heute sind die Voraussetzungen einer solchen Gefahr sicher noch nicht sonderlich akut. Mit dem Sprung der Grünen/Alternativen in die Parlamente sieht sich die genannte Gefahr jedoch als solche heraufbeschworen. Folgerichtig ist sowohl verfassungsrechtlich wie verfassungspolitisch nach den Konsequenzen zu fragen, wobei zu den möglichen und zu diskutierenden Fragen sicher auch diejenige gehört, ob sich im bisher zu beobachtenden, weithin diffusen Sammelsurium recht heterogener politischer Richtungen innerhalb der Grünen/Alternativen nicht eines Tages doch eine Richtung als maßgebend herauskristallisieren könnte, die auch ihrerseits bereit und fähig wäre, den Weg zur parlamentarischen Demokratie zu finden.

11. Die Grünen/Alternativen als politische Partei?

Die erste und wichtigste Voraussetzung für das letztere wäre die Integration der Grünen/Alternativen in das rechtliche und politische Ordnungsgefüge der demokratischen Parteienstaatlichkeit. Denn die repräsentative Demokratie des GG gründet sich organisatorisch in entscheidendem Maße auf die politischen Parteien, ihre repräsentative Verantwortung und ihre parlamentarisch-gesamtstaatliche Integrationskraft. Obwohl sich die Grünen/Alternativen erklärtermaßen von den „etablierten Parteien" abzuheben suchen (Petra Kelly z. B. spricht bündig von den Grünen als der „Antiparteien-Partei"[49]), ist demgemäß die Frage zu prüfen, ob die Grünen/Alternativen nach Struktur, Programmatik und Aktivität die Voraussetzungen der politischen Partei im Sinne des Art. 21 GG erfüllen. Daß die Grünen/Alternativen sich als politische Vereinigung oder besondere politische Bewegung verstehen, führt noch nicht zu ihrer (automatischen) Parteieneigenschaft. Denn die Voraussetzungen, die Art. 21 GG an die politischen Parteien anlegt, sind qualifizierterer Art. Die politische Partei im Sinne des Art. 21 GG hebt sich vor allem und zunächst aus dem Feld der (allgemeinen) Vereinigungen oder Vereine im Sinne der (allgemeinen) Vereinigungfreiheit im Sinne des Art. 9 GG ab[50].

---

[49] Spiegel-Gespräch, in: Der Spiegel 24/1982; abgedruckt auch in: Mettke (hrsg.), Die Grünen, S. 26 (31).

[50] Vgl. z. B. BVerfGE 25, 69 (78); R. Scholz, in: Maunz/Dürig, GG, Art. 9 Rdn. 2; Henke, Bonner Kommentar zum GG, Art. 21 Rdn. 30.

Das Grundrecht der (allgemeinen) Vereinigungsfreiheit erfaßt sämtliche Vereinigungen, Vereine und Verbände mit Ausnahme der politischen Parteien. Zwischen den politischen Parteien im Sinne des Art. 21 GG und den Verbänden im Sinne des Art. 9 GG besteht im System der gesellschaftsoffenen und gesellschaftlich pluralen Demokratie zwar ein funktionell besonderer Zusammenhang. Denn politisch wie rechtlich soll sich die Demokratie auch und intensiv durch ein lebendiges, offenes und plurales Verbändewesen erfüllen. Den Verbänden obliegt das weite und für die parlamentarische Demokratie mit elementare Feld der (pluralistischen) Interessenbildung, Interessenauseinandersetzung und Interessenvertretung[51]. Mit dieser Maßgabe operieren die Verbände und alle sonstigen politischen Vereinigungen jedoch nicht im Bereich der parlamentarischen Demokratie und ihrer parteienstaatlichen Organisation selbst, sondern gleichsam in deren Vorfeld. Den Parteien kommt – mit H. Huber gesprochen – eine „konstitutionelle Repräsentationsaufgabe" im System des Parlamentarismus selbst zu; den Vereinigungen oder Verbänden kommt dagegen – wiederum mit H. Huber gesprochen – nur eine (faktische) Funktion „existentieller Repräsentation" bzw. entsprechender Interessenrepräsentanz zu[52]. Daß zwischen beiden Bereichen konstitutioneller Repräsentation einerseits und existentieller Repräsentation andererseits vielfältige und notwendige Wechselwirkungen bestehen, liegt auf der Hand. Die ändert jedoch nichts daran, daß das Mandat parlamentarisch-demokratischer Repräsentanz nicht jeder politischen Vereinigung oder Verbandsformation zufällt, selbst wenn sie ein solches für sich reklamiert. Dies kommt nur und ausschließlich den politischen Parteien zu[53]. Gemäß Art. 21 GG sind die politischen Parteien allerdings keine Staats- oder Verfassungsorgane[54]. Sie sind vielmehr – insoweit wie alle sonstigen Vereinigungen und Verbände auch – frei gebildete, privatrechtliche Zusammenschlüsse, die – rechtlich wie politisch – gesellschaftliche Formationen darstellen[55], die also von allen staatlichen Organisationsbildungen strikt abzuheben sind, die daher auch nicht vom Staate unterhalten

---

[51] Vgl. näher und m. w. Nachw. R. Scholz, in: Maunz/Dürig, GG, Art. 9 Rdn. 13; ders., Pluralismus unter dem sozialen Rechtsstaat, Jahrbuch der Berliner Wissenschaftlichen Gesellschaft 1977, 1978, S. 53 ff.

[52] Vgl. Staat und Verbände, 1958, S. 18 f.; siehe im Anschluß auch R. Scholz, Koalitionsfreiheit, S. 170 ff.; zur Interessenrepräsentation der Verbände vgl. nach wie vor grundlegend J. Kaiser, Die Repräsentation organisierter Interessen, 2. Aufl. 1978, passim.

[53] Vgl. R. Scholz, Koalitionsfreiheit, S. 172 ff.

[54] Vgl. BVerfGE 1, 208 (224 f.); 3, 383 (393); 20, 56 (100 f.).

[55] Vgl. BVerfGE 1, 224; 3, 93; 20, 101; 52, 63 (83 ff.).

werden dürfen[56], deren Aufgabe andererseits aber im politisch-konstitu-
tionellen Feld der Organisation, Repräsentanz und Vermittlung der politischen Willensbildung des Volkes liegt[57]. So sind die politischen Parteien
– mit dem BVerfG gesprochen – „Faktoren des Verfassungslebens"[58],
denen vor allem im Bereich der demokratischen Wahlen eine besondere,
verfassungsrechtlich garantierte Rolle zufällt[59],[60]. Im Rahmen ihres umfassenden politischen Mandats sind die Parteien zwar nicht allein „Wahl-"
oder „Wählervereine"; sie sind vielmehr und zugleich tragende Konstitu-
anten der demokratischen Wahlen und der frei gewählten Parlamente[61].
Gerade weil die repräsentative Demokratie auf das „Parlament als funk-
tionsfähiges Staatsorgan" notwendig angewiesen ist, hat das GG den
Parteien jene besondere, privilegierte Rolle gegenüber allen anderen politischen Vereinigungen, Verbänden oder sonstigen gesellschaftlichen Organisationen im politischen, wirtschaftlichen, sozialen und kulturellen
Feld zugewiesen[62]; gerade deshalb sind die Parteien durch Art. 21 GG mit
jenem besonderen – von der allgemeinen Vereinigungsfreiheit des Art. 9
GG definitiv unterschiedenen – Verfassungsstatus ausgestattet worden[63].

Die Grünen/Alternativen deklarieren sich – gerade in ihren außer- oder
antiparlamentarischen Verlautbarungen – gern als politische „Bewegung"
(basisdemokratischer oder fundamentaloppositioneller Art)[64]. „Bewegungen" in diesem Sinne sind jedoch keine – oder doch noch keine –
politischen Parteien. Denn der Begriff der politischen Partei fordert mehr
als ein „politisches Bewegtsein". Der Begriff der politischen Partei fordert
vielmehr – neben der Teilnahme an der politischen Willensbildung des
Volkes allgemein – definitiv die ernsthaft und auf Dauer angelegte Bereit-

---

[56] Vgl. BVerfGE 6, 273 (279 ff.); 20, 56 (96 ff.); 24, 300 (335 ff.); 52, 63 (81 ff.);
BVerfG, DÖV 83, 153 (154) m. Anm. v. Arnim.

[57] Vgl. u. a. BVerfGE 3, 19 (26); 5, 85 (133 ff.); 11, 239 (241); 14, 121 (133); 20,
56 (99 ff.); 24, 260 (264); 44, 125 (145 f.); 47, 130 (140 f.); 52, 63 (82 f.).

[58] Vgl. BVerfGE 1, 225, 227; 5, 133; 6, 367 (375); 11, 239 (241); 20, 100.

[59] Vgl. BVerfGE 8, 51 (63); 13, 54 (82); 20, 56 (113); 20, 119 (130); 20, 134
(141); 24, 300 (348).

[60] Daher ist die Teilnahme an Wahlen zu den Parlamenten bzw. das entsprechende Ziel auch unverzichtbares Wesensmerkmal der politischen Partei im Sinne
von Art. 21 GG (vgl. – außer § 2 PartG – u. a. Henke, Bonner Kommentar zum
GG, Art. 21 Rdn. 9; Maunz, in: Maunz/Dürig, GG, Art. 21 Rdn. 13; Seifert,
Bundeswahlrecht, § 6 BWG Rdn. 6).

[61] Vgl. näher schon die Nachw. oben Fn. 59.

[62] Vgl. BVerfGE 6, 84 (92 f.); 24, 300 (341).

[63] Vgl. BVerfGE 20, 56 (114).

[64] Vgl. z. b. Agnoli, in: Kraushaar u. a. (hrsg.), Was sollen die Grünen im
Parlament?, S. 120 ff.; Graue Zellen Westberlin, ebenda, S. 47 (50 ff.); Hasenclever,
ZfParl, 82, 420 ff.

schaft[65], gesamtstaatliche Verantwortung vor allem auf der Grundlage der parlamentarischen Demokratie zu übernehmen[66]. Daß die programmatischen Anforderungen an die politische Partei bzw. an diese Bereitschaft, gesamtstaatliche Verantwortung zu übernehmen, relativ gering zu halten sind[67], ändert hierbei nichts. So mag auch die Frage offenbleiben, ob der bloße Ökologismus und die bloße „Öko-Partei"[68] hinreichend programmatisch-politische Integrations- und Identifikationskraft besitzen, um überhaupt die politische Grunddimension gesamtstaatlicher Verantwortung oder Orientierung zu erreichen[69], wenngleich die eigenen Zweifel hieran nicht verhehlt sein sollen[70].

---

[65] Zu den tatbestandlichen Erfordernissen der Ernsthaftigkeit und Dauerhaftigkeit siehe § 2 I PartG.

[66] Die Bereitschaft und Zielsetzung, gesamtstaatliche bzw. eine entsprechend umfassende politische Verantwortung zu übernehmen, verkörpert das inhaltlich wie eigentlich entscheidende Element des Erfordernisses einer politisch-programmatischen Orientierung, wie sie § 1 III PartG als Voraussetzung der Parteieneigenschaft zutreffend voraussetzt, ohne daß es einer zusätzlich-speziellen „Gemeinwohl"-Bindung (o. ä.) bedürfte (vgl. z. B. Seifert, Bundeswahlrecht, § 6 BWG Rdn. 6, 10; Seufert, in: Ziebura [hrsg.] Parteienlehre, S. 91 [102 ff.] – a. A. Grewe, in: Ziebura [hrsg.] Parteienlehre, S. 68 [85 ff.]).
In diesem Sinne stellt auch das BVerfG bei der Frage, ob eine Organisation eine politische Partei im Sinne des Art. 21 GG ist (neben ihrer Stärke und Organisation) auf das Vorhandensein eines „umfassenden politischen Programms" ab (BVerfGE 1, 208 (228) – Hervorhebung vom Verf.).

[67] Vgl. z. B. Seifert, Bundeswahlrecht, § 6 BWG Rdn. 10.

[68] Zum Selbstverständnis der Grünen/Alternativen als (linker) „Öko-Partei" siehe z. B. J. Fischer, in: Kraushaar u. a. (hrsg.), Was sollen die Grünen im Parlament?, S. 35 (38).
Zur (immanenten) Problematik vgl. auch Hasenclever, ZfParl 82, 421, der ein „grünes Dilemma" darin sieht und dies – insoweit durchaus schlüssig – wie folgt umschreibt: „Da wir in gewisser Hinsicht eine Richtungspartei (Hervorhebung vom Verf.) sind, können wir keinesfalls ... eine richtungsneutrale kompromißlerische Politik machen".

[69] Deutlich bejahend siehe allerdings etwa I. Fetscher, Ökologie und Demokratie – ein Problem der politischen Kultur, Aus Politik und Zeitgeschichte B 26/82, S. 27 ff.; siehe auch J. Huber, Basisdemokratie und Parlamentarismus, Aus Politik und Zeitgeschichte B 2/83, S. 43 ff.

[70] Nicht eingeschlossen sind hierbei naturgemäß (instrumentalisierende) Zielsetzungen, die (auch) den Ökologismus in Wahrheit nur als Mittel zur Systemveränderung oder zum revolutionären Systembruch begreifen oder propagieren. Letzteres gilt vor allem für die „radikal-demokratisch-revolutionären" Elemente bei den Grünen/Alternativen, die sich allerdings auch bewußt von den „bürgerlich-integrationistischen" Elementen abzuheben suchen und letzteren z. B. die Abspaltung von der („eigentlich legitimen") „Protestbewegung" zur „(grünen) Partei" vorwerfen oder als „Traum" vorhalten (vgl. so z. B. Graue Zellen Westberlin, in: Kraushaar u. a. (hrsg.), Was sollen die Grünen im Parlament?, S. 52 ff.; im deutlich revolutionär-marxistischen Sinne siehe die in der Zeitung Die Welt vom 17. 12. 1982

Immerhin sind die hiesigen Entwicklungen offenkundig noch nicht so
weit abgeschlossen, um bereits ein abschließendes Urteil treffen zu können. Soweit es dagegen um das (basisdemokratische oder fundamentaloppositionelle) Selbstverständnis einer (bloßen) politischen „Bewegung" der
Grünen/Alternativen geht, fällt deren verfassungsrechtliche Positionie-
rung ungleich leichter: Politische „Bewegungen" sind in aller Regel keine
politischen Parteien im Sinne des Art. 21 GG, sondern (bloße) politische
Vereinigungen im Sinne des Art. 9 I GG; denn sie verfügen gerade nicht
über den inhaltlichen und strukturell präparierenden Grundbezug zur
parlamentarisch-gesamtstaatlichen Verantwortung im vorgenannten Sinne. Repräsentationsrechtlich gesprochen handelt es sich also um „existentielle" und nicht um „konstitutionelle Repräsentation". Denn der Tatbestand der „konstitutionellen Repräsentation" ist gerade durch den gesamt-
staatlich-parlamentarischen Grundbezug charakterisiert. Werden bestimmte politische, hier namentlich ökologische Interessen politisch vertreten, so handelt es sich zunächst um nichts anderes als (schlichte)
Interessenpräsentation bzw. „existentielle" und nicht „konstitutionelle
Repräsentation" im verfassungsrechtlichen Sinne. Hieran ändert sich auch
im Lichte des Umstandes nichts, daß entsprechende Interessenpräsenta-
tionen im Parlament bzw. auch durch Abgeordnete erfolgen. Denn der
Tatbestand der parlamentarischen Repräsentation wird nicht durch
schlichtes parlamentarisches Vertretensein als solches erfüllt. Er fordert
vielmehr ein Vertretensein im Sinne des Art. 38 I GG, d. h. im Sinne des
freien parlamentarischen Mandats.

12. Zum Begriff der politischen Partei

Die politischen Parteien sind gemäß Art. 21 GG mit dazu berufen, die
repräsentative Demokratie bzw. das freie parlamentarische Mandat zu
gewährleisten[71]. Hieraus folgt der besondere verfassungsrechtliche Status
der politischen Parteien, der diese namentlich auch und zunächst verpflichtet, ihrerseits auf dem Boden der verfassungsrechtlichen Ordnung
zu stehen; Parteien, die sich gegen die freiheitliche demokratische Grundordnung wenden, sind verfassungswidrig und können demgemäß vom
BVerfG verboten werden (Art. 21 II GG). Politische Parteien müssen sich
zur Verfassungsordnung des GG bekennen; sie müssen die parlamentari-

zitierten Äußerungen des Fraktionsvorsitzenden der Hamburger GAL Ebermann
[„Gruppe Z"]).
[71] Vgl. z. B. BVerfGE 8, 51 (63); 13, 57 (82); 20, 56 (113); 24, 300 (348); 47, 253
(283); Scheuner, in: Ziebura (hrsg.), Parteienlehre, S. 113 ff.; ders., in: Rausch
(hrsg.), Repräsentation, S. 408 ff.; Meyn, Kontrolle, S. 252 ff.; Badura, Bonner
Kommentar zum GG, Art. 38 Rdn. 30 f.; Steiger, Grundlagen, S. 167 ff., 184 ff.,
198 ff.

sche Demokratie bejahen[72]; sie müssen vor allem die freie Kandidatenaufstellung in ihren eigenen Reihen gewährleisten[73]; sie dürfen ihr politisches
Aktionsfeld nicht vorrangig im außerparlamentarischen oder gar antiparlamentarischen Raum suchen[74]; sie müssen schließlich auch in ihrer Binnenstruktur demokratisch verfaßt sein (Art. 21 I 3 GG). Politische Vereinigungen, die nicht an Wahlen in Bund oder Ländern teilnehmen
wollen, fallen nicht unter den Begriff der politischen Partei im Sinne des
Art. 21 GG.[75]. Politische Vereinigungen, die die Abschaffung der parlamentarischen Demokratie anstreben, können zwar politische Parteien
sein[76]; soweit sie sich jedoch mit der tatbestandlich vorausgesetzten Ag-
gressivität gegen die freiheitliche demokratische Grundordnung wenden,
sind sie verfassungswidrig[77]. In der Pflicht zur parteiinternen Demokratie
spiegelt sich die demokratiestaatlich konstitutionelle Rolle der Parteien in
der parlamentarischen Demokratie wider. Die politischen Parteien sind
maßgebende Träger und Vermittler der parlamentarischen Demokratie;
sie verfügen in deren System über einen privilegierten Status und müssen
demgemäß auch ihrerseits bzw. in ihrer Organisationsgebung demokratischen Strukturforderungen – namentlich den Prinzipien der Gleichheit,
der freien Wahl und des Aufbaues „von unten nach oben" – genügen[78].
Die Parteien müssen sich mit dem freiheitlich-demokratischen Staat „in
ihrem öffentlichen Auftreten, in Form und Stil ihrer politischen Betätigung" identifizieren[79]; sie haben sich, wie das BVerfG hervorgehoben hat,
„allermindestens ... jeder Herabsetzung, Schmähung und Verächtlichmachung dieser Ordnung zu enthalten"[80]. Ihre Verpflichtung auf die
freiheitliche demokratische Grundordnung impliziert das Bekenntnis
zum Mehrparteiensystem, zum Recht der politischen Opposition, zur
Gewaltenteilung, zur Verantwortlichkeit der Regierung, zur Gesetzmä-
ßigkeit der Verwaltung und zur Unabhängigkeit der Gerichte[81].
   In ihrer organisatorischen Rechtsgestalt sind die politischen Parteien
grundsätzlich frei[82]. Wichtig ist nur, daß es sich um körperschaftliche

[72] Vgl. BVerfGE 2, 1 (12 ff.); 5, 85 (134, 233).
[73] BVerfGE 47, 253 (283); Maunz, in: Maunz/Dürig, GG, Art. 21 Rdn. 74;
Henke, Bonner Kommentar zum GG, Art. 21 Rdn. 15, 50, 62.
[74] Vgl. BVerfGE 5, 85 (233); Seifert, Bundeswahlrecht, § 6 BWG Rdn. 6.
[75] Vgl. BVerfGE 24, 260 (264 ff.); 47, 198 (222).
[76] Vgl. BVerfGE 47, 130 (141); 47, 198 (223).
[77] Vgl. BVerfGE 5, 85 (141).
[78] Vgl. BVerfGE 2, 1 (14, 40).
[79] Vgl. BVerfGE 5, 85 (389).
[80] BVerfGE 5, 389.
[81] BVerfGE 2, 1 (13).
[82] Vgl. § 2 I PartG; siehe im übrigen z. B. Henke, Bonner Kommentar zum GG,
Art. 21 Rdn. 7.

Vereinigungen handelt, die sich für längere Zeit zum gemeinsamen politischen Zweck – auf der Grundlage des gemeinsamen politischen Programms – zusammengeschlossen haben[83]. Wie § 2 I PartG richtig ausführt, kommt es für die Frage, ob eine Vereinigung die Begriffsmerkmale der politischen Partei erfüllt, auf deren tatsächliches Verhalten an; es muß „eine ausreichende Gewähr für die Ernsthaftigkeit" der parteipolitischen Zielsetzung gegeben sein, wobei der Begriff der Ernsthaftigkeit nicht nur subjektiv, sondern auch objektiv zu begreifen ist[84]. Es darf sich mit anderen Worten nicht von vornherein um völlig aussichtslose, unrealistische und damit irreale Unternehmungen handeln[85]. Hinsichtlich der Programmatik einer politischen Partei werden keine allzu strengen Maßstäbe angelegt. Gerade im Lichte der Entwicklung zur „Volkspartei" ist den politischen Parteien auch ein großes Maß an programmatischer Offenheit oder Flexibilität zu konzedieren. Politische Parteien sollen gerade in ihrer Programmatik hinlänglich offen sein, um sich in glaubhafter Weise als mögliche Träger politischer Gesamtverantwortung auf Bundes- und/oder Landesebene zu präsentieren. Andererseits sind damit nicht programmatisch enger fixierte „Interessenparteien", „Richtungsparteien", „Personenparteien" o. ä. aus dem Parteienbegriff ausgeschlossen. Letzteres gilt dagegen für politische Vereinigungen, die ihrer Struktur und Zielsetzung nach von vornherein auf den örtlichen (kommunalen) Bereich beschränkt sind, d. h. die sog. „Rathausparteien". Sie fallen wie alle anderen (kommunalen) Wählervereinigungen nicht unter den Parteienbegriff des Art. 21 GG[86]. Das Gleiche hat auch für jede andere Beschränkung auf bloß regional-örtliche oder regional-partikulare Bereiche, Interessen oder Aktionsfelder zu gelten (ausgenommen naturgemäß Beschränkungen auf den – ja staatlichen bzw. umfassend staatspolitischen! – Bereich eines (ganzen) Bundeslandes, wie im Falle bloßer Landesparteien). Auch hierin offenbaren sich die prinzipalen Unterschiede zwischen den politischen Parteien als staatspolitisch engagierten Formationen einerseits und den Bürgerinitiativen, sonstigen politischen Verbänden etc. als bloß lokal-regional oder gesellschaftlich-partikular interessierten Formationen andererseits.

---

[83] Vgl. §§ 2 I, 6 PartG.
[84] Vgl. Seifert, Bundeswahlrecht § 6 BWG Rdn. 9.
[85] Vgl. Seifert, a. a. O.
[86] Vgl. BVerfGE 6, 367 (372 f.); siehe im übrigen auch schon oben 2) m. Nachw. Fn. 4.

13. Parteieneigenschaft,
Grüne/Alternative und Wahllistenprivileg

Dieser skizzierenden Zusammenfassung der wichtigsten verfassungsrechtlichen und gesetzlichen Voraussetzungen des Parteienbegriffs bedarf
es, um die Frage zu beantworten, ob die politischen Formationen der
Grünen/Alternativen dem Parteienbegriff des Art. 21 GG genügen. Bisher sieht sich diese Frage kaum problematisiert, geschweige denn des
näheren untersucht[86a]. Angesichts der in sich über lange Zeit sehr geschlossenen und strukturell sehr begriffsidentischen Parteienlandschaft in
der Bundesrepublik bedurfte es solcher Untersuchungen auch nicht.
Hierbei wurde allerdings – vielleicht manchmal vorschnell – vergessen,
daß nach den geltenden Wahlgesetzgebungen die Voraussetzungen der
Parteieneigenschaft von den zuständigen Wahlleitern oder Wahlausschüssen durchaus geprüft werden müssen. Dies gilt jedenfalls für diejenigen
Wahlrechte, die das Wahllistenprivileg an die Parteieneigenschaft binden.
Dies ist vor allem im Bund gemäß § 18 der Fall[87]. Das gleiche gilt für die
Länder Baden-Württemberg[88], Niedersachsen[89], Nordrhein-Westfalen[90]
und Schleswig-Holstein[91]. Die übrigen Länder räumen das Recht der
Wahlkreislisten auch „sonstigen organisierten Wählergruppen" (Bay-
ern)[92], „mitgliedschaftlich organisierten Wählervereinigungen" (Rhein-
land-Pfalz)[93], Wählergruppen (Saarland)[94], Wählervereinigungen (Bre-
men)[95] sowie einer bestimmten Anzahl von Wahlberechtigten (Berlin[96],
Hamburg[97], Hessen[98]) ein.

Diese landesrechtlichen Besonderheiten sind jedoch deshalb von nur
begrenzter Aussagekraft, weil die meisten Landesverfassungen das Prinzip der parteienstaatlich-repräsentativen Demokratie nicht mit vergleich-

---

[86a] Vgl. allerdings bzw. lediglich Heidemann, Der Arbeitgeber (82, 1125 f.); R.
Scholz, Die Welt v. 10. 7. 82 (S. 2); Antwort des Bayerischen Ministerpräsidenten
v. 19. 1./24. 1. 83 auf die Schriftliche Anfrage des Abg. Geys v. 15. 11. 82 (Bay.LT-
Drs. 10/189); vgl. neuestens auch Kimminich, DÖV 83, 217 ff.

[87] BWG i. d. F. vom 1. 9. 75 (BGBl. I S. 2325).

[88] Art. 1 I, II LWG i. d. F. vom 10. 11. 75 (GBl. S. 802).

[89] § 15 I LWG i. d. F. vom 19. 8. 77 (GVBl. S. 433).

[90] § 20 I LWG i. d. F. vom 6. 3. 79 (GV S. 88).

[91] §§ 1 I, 24 V LWG i. d. F. vom 20. 11. 79 (GVBl. S. 494).

[92] Art. 40 LWG i. d. F. vom 6. 3. 74 (GVBl. S. 133).

[93] § 31 LWG i. d. F. vom 12. 1. 59 (GVBl. S. 23).

[94] § 24 I LWG i. d. F. vom 19. 2. 80 (ABl. S. 278).

[95] § 8 I WahlG i. d. F. vom 10. 4. 75 (GBl. S. 185).

[96] § 10 I LWG vom 29. 6. 77 (GVBl. S. 1209).

[97] §§ 22, 25 WahlG i. d. F. vom 13. 12. 77 (GVBl. S. 403).

[98] § 20 LWG i. d. F. vom 10. 1. 74 (GVBl. S. 41).

barer Stringenz durchführen, wie das GG dies für den Bund tut. Die
Regelung zum Listenprivileg bei Bundestagswahlen gemäß § 18 BWG
verkörpert jedenfalls die konsequente Fortführung des Prinzips der parteienstaatlich-repräsentativen Demokratie im Bund.

Andererseits stellt das BWG an die Parteiengemeinschaft keine allzu
strengen Anforderungen. Im Rahmen der vorgenannten Kriterien unter-
stellt das BWG vor allem bei den parlamentarisch bereits ausreichend
vertretenen Gruppierungen deren Parteieneigenschaft und billigt ihnen
das Recht des Wahlvorschlags bei späteren Wahlen automatisch zu. Diese
Regelung mag praktisch und vor allem liberal sein; zu Problemen hat sie
zumindest bisher nicht geführt. Ob letzteres allerdings auch in der
weiteren Zukunft – gerade angesichts der hier untersuchten neuen Entwicklungen – gelten kann, muß zweifelhaft erscheinen. Bei anderen bzw.
„neuen" Vereinigungen verlangt das BWG, daß diese sich beim Bundes-
wahlleiter melden und ihre Parteieneigenschaft vom Bundeswahlausschuß
überprüfen lassen (§ 18 II BWG). Dies bedeutet, daß dem Bundeswahlausschuß jedenfalls hier bzw. beim ersten Auftreten einer neuen „Partei"
eine materielle Prüfungskompetenz bzw. -pflicht zufällt, deren dieser sich
nicht leichtfertig entledigen darf. Unabhängig davon ist die vorgenannte
Vermutungsregelung hinsichtlich parlamentarisch bereits vertretener Vereinigungen verfassungsrechtlich wie -politisch nur so lange vertretbar und
zweckmäßig, wie das Auftreten neuer und wechselnder Gruppierungen
oder „Parteien" das bisherige Bild einer relativ geschlossenen und homo-
genen Parteienlandschaft nicht tatsächlich sprengt. Sobald dies der Fall
sein sollte, würde sich – auch aus verfassungsrechtlichen Gründen – jene
Bestimmung des § 18 II BWG als revisionsbedürftig erweisen.

Konkretere Prüfungsmaßstäbe zum Parteienbegriff und zur Überprüfung der Parteieneigenschaft sehen sich bisher, abgesehen von den vorgenannten Kriterien, nicht verdeutlicht. Das BVerfG hat lediglich festge-
stellt, daß eine landesrechtliche Wahlgesetzgebung, die nach den Gege-
benheiten eines Programms und eines demokratisch gewählten Vorstan-
des fragte, verfassungsmäßig sei – freilich mit der Maßgabe, daß diesen
Bestimmungen mehr der Charakter einer (auch nur als solcher zu über-
prüfenden) Ordnungsvorschrift zukäme[99]. Andererseits kann es mit einer
derart formalen und begrenzten Kontrollbetrachtung kein abschließendes
Bewenden haben, da die vorgenannten Begriffselemente der Parteieneigenschaft durchaus materiell-rechtlicher Natur sind und demgemäß auch
entsprechend materielle oder inhaltliche bzw. organisatorisch genauere
Überprüfungen gestatten, wenn nicht fordern. Die politische Praxis kennt

---

[99] Vgl. BVerfGE 3, 383 (404 f.); vgl. auch BVerfGE 5, 77 (84); 47, 130 (139).

hierfür freilich und vorerst noch keine wirklichen Vorbilder. Ungeachtet dessen ergeben sich aus den vorgenannten Kriterien doch die prinzipiellen Anforderungen, die von Verfassungs wegen für die Parteieneigenschaft im einzelnen anzulegen sind.

14. Verfassungswidrigkeit „grüner" oder „alternativer" Organisationen?

Daneben stehen die, auch praxisgemäß bereits hinlänglich konkretisierten Maßstäbe für die Verfassungsmäßigkeit politischer Parteien. Hierzu hat das BVerfG namentlich im SRP-[100] und im KPD-Urteil[101] alles Erforderliche gesagt. Legt man die Erkenntnisse dieser beiden Urteile des BVerfG an die Grünen/Alternativen an, so wird nur allzu rasch deutlich, daß – bei unterstellter Parteieneigenschaft – erhebliche Verfassungsbedenken – zumindest gegen einzelne Formationen der Grünen/Alternativen – geltend zu machen sind. Dies beginnt namentlich mit den Zweifeln, ob und inwieweit die Grünen/Alternativen wirklich bereit sind, sich zum System der parlamentarischen Demokratie zu bekennen. Andererseits liegt in dieser Frage bereits ein Kernpunkt des Problems der Parteieneigenschaft selbst, auf die anschließend erneut zurückzukommen sein wird. Wenn das BVerfG im gleichen Zusammenhang z.B. fordert, daß eine Partei sich „jeder Herabsetzung, Schmähung und Verächtlichmachung" des freiheitlich-demokratischen Staates und damit der ganzen repräsentativen Demokratie zu enthalten hat[102], so kennen inzwischen die meisten Bundesländer genügend Beispiele dafür, daß die Grünen/Alternativen häufig nicht bereit sind, dieser Verantwortung zu genügen[103]. Ungleich bedeutsamer sind jedoch Einwände, die sich auf das freie Mandat des Abgeordneten bzw. das praktizierte imperative Mandat, auf das gestörte

---

[100] Vgl. BVerfGE 2, 1 ff.
[101] Vgl. BVerfGE 5, 85 f.
[102] BVerfGE 5, 389.
[103] Charakteristisch z.B. Graue Zellen Westberlin, in: Kraushaar u.a. (hrsg.), Was sollen die Grünen im Parlament?, S. 52: „In bezug auf die Organisationsform Partei gibt es allerdings noch Hoffnungen, die von der Vorstellung ausgehen, daß es eine institutionelle Lücke gebe, die ausgenutzt werden sollte. Der in der grünen Partei verbliebene Rest mit radikalbasisdemokratischer Orientierung will ins Parlament, um dort Chaos zu stiften, durch geschickten Gebrauch der bürgerlichen Massenkommunikationssysteme aktive Gegenmanipulation bzw. Gegenaufklärung betreiben und fundamentaloppositionelle Inhalte präsent machen, Vertrauen, Macht und Befugnis des Parlaments mißbrauchen, es der Lächerlichkeit preisgeben, Herrschaftsstrukturen entlarven und die Phantasie an die Macht bringen".

36

Verhältnis zur Gewalt, auf die Mißachtung der unabhängigen Rechtsprechung und die Leugnung des Grundsatzes der Gewaltenteilung gründen. Nach Programmatik wie tatsächlicher politischer Aktivität bestehen gravierende Zweifel an der Verfassungsmäßigkeit der Grünen/Alternativen.

Andererseits bedeutet dies noch nicht, daß die Grünen/Alternativen definitiv aus dem Prozeß der parteienstaatlichen Demokratie des GG gemäß Art. 21 II GG auszuschließen wären. Denn Voraussetzung für einen solchen Ausschluß wäre eine entsprechende Entscheidung des BVerfG, die wiederum nur auf Antrag des Bundestages, des Bundesrates oder der Bundesregierung bzw. – im Landesbereich – der jeweiligen Landesregierung erfolgen könnte, wobei zusätzlich festzuhalten ist, daß ein solcher Verbotsantrag der antragsberechtigten Verfassungsorgane gemäß § 43 BVerfGG in deren Ermessen gestellt ist[104]. Hinzu kommt, und dies ist das eigentlich Entscheidende: Das verfassungsrechtliche Gebot der Verfassungsmäßigkeit richtet sich gemäß Art. 21 II GG nur gegen solche Vereinigungen, die wirklich politische Parteien im Sinne dieser Verfassungsbestimmung sind. Solange also nicht feststeht, daß eine bestimmte, mit Verfassungsbedenken konfrontierte Organisation überhaupt eine politische Partei im Sinne des Art. 21 GG ist, solange stellt sich auch nicht die Frage eines etwaigen Verbots gemäß Art. 21 II GG. Die Frage der Parteieneigenschaft ist also primär und auch verfassungspolitisch zentral.

Für alle anderen, nicht unter den Parteienbegriff des Art. 21 GG fallenden Vereinigungen gilt allein der Verfassungsvorbehalt des Art. 9 II GG, demzufolge lediglich solche Vereinigungen verboten sind, die sich gegen die (allgemeinen) Strafgesetze, gegen „die verfassungsmäßige Ordnung" im Sinne der konstitutionellen Grundordnung des GG oder gegen den Gedanken der Völkerverständigung richten[105]. Das zentrale Verfassungsproblem liegt demgemäß und allein bei der Frage, ob die Grünen/ Alternativen unter den Parteienbegriff des Art. 21 GG fallen. Daß die Grünen/Alternativen sich auch um das parlamentarische Mandat bemühen, also an den Wahlen teilnehmen, führt noch nicht zur automatischen Bestätigung ihrer Parteienqualität, wobei auf die problematische Vermutungsregelung des § 18 BWG bereits aufmerksam gemacht wurde.

---

[104] Siehe näher hierzu sowie m. w. Nachw. H. Heckelmann, Das Ermessen staatlicher Organe bei der Stellung von Verbotsanträgen nach Art. 21 Abs. 2 GG (§ 43 BVerfGG), 1976, S. 6 ff., 15 ff., 74 ff., 152 ff.

[105] Zu diesem Schrankenvorbehalt (und zur Beschränkung auf lediglich *allgemeine* Strafgesetze) siehe R. Scholz, in: Maunz/Dürig, GG, Art. 9 Art. 112 ff.

15. Parteienstaatlichkeit als Funktionsbedingung der repräsentativen Demokratie – Repräsentative Demokratie als Legitimationsbedingung der Parteienstaatlichkeit

Das GG stattet die politischen Parteien mit besonderen Privilegien im System der parlamentarischen Demokratie aus. Diese Privilegien gründen sich auf die besondere Verantwortung und die Pflicht wie Fähigkeit der politischen Parteien, die moderne, flächenstaatliche repräsentative Demokratie tatsächlich zu gewährleisten und organisationsmäßig zu präparieren. Demgemäß verlangt das GG von den politischen Parteien insbesondere das uneingeschränkte Bekenntnis zur repräsentativen Demokratie bzw. zu den in Art. 38 GG niedergelegten Konstitutionsprinzipien dieser Demokratieverfassung. Dieses Bekenntnis verkörpert damit zugleich das entscheidende Begriffsmerkmal der politischen Partei im Sinne des Art. 21 GG. Die politischen Parteien dienen der repräsentativen Demokratie im Sinne des Art. 38 I GG und sehen sich damit auch selbst – funktionell wie begrifflich – durch die Ordnungsprinzipien der letzteren qualifiziert.

Dieser besondere, von Verfassungs wegen vorausgesetzte und strikt zu bewahrende Sinn- und Ordnungsbezug zwischen den beiden Verfassungsbestimmungen des Art. 21 GG einerseits und des Art. 38 GG andererseits qualifiziert und konkretisiert die parteienstaatlich-repräsentative Demokratie und damit auch den Parteienbegriff. Dennoch ist dieser Zusammenhang bisher nicht immer mit der erforderlichen Nachdrücklichkeit deutlich geworden oder beachtet worden[106].

Dies lag sicher und vor allem daran, daß konkrete Konfliktfälle nur sehr selten aufgetreten sind. Das grundsätzliche Spannungsverhältnis, das zwischen Art. 21 GG einerseits und Art. 38 GG andererseits ebenso besteht, ist bisher nur anhand jener („innerparlamentarischen") Fälle akut geworden, in denen es um die Rechte einzelner Mandatsträger gegenüber ihren Parteien (z. B. Mandatsbestand bei Parteiaustritt eines Abgeordneten)[107] oder um die Folgewirkungen nach einem verfassungsgerichtlichen

---

[106] Vgl. allerdings Hesse, VVDStRL 17, 11 (23 ff., 28 ff.); Steiger, Grundlagen, S. 160 ff., 184 ff., 198 ff.; Henke, Bonner Kommentar zum GG, Art. 21 Rdn. 15, 50, 62; Badura, Bonner Kommentar zum GG, Art. 38 Rdn. 30 f., 65 ff.; Maunz, in: Maunz/Dürig, GG, Art. 21 Rdn. 68, 94 ff.; Art. 38 Rdn. 12, 14, 22, 27; Drath, in: Rausch (hrsg.), Repräsentation, S. 262 ff.; R. Scholz, Koalitionsfreiheit, S. 173 ff.; Kimminich, DÖV 83, 221; zu eng bzw. zu sehr im Sinne eines Spannungsverhältnisses dagegen die Rechtsprechung des BVerfG (vgl. bes. BVerfGE 5, 85 [233 f.]).
[107] Vgl. dazu Henke, Bonner Kommentar zum GG, Art. 21 Rdn. 20; Badura, Bonner Kommentar zum GG, Art. 38 Rdn. 80 f.; Seifert, Bundeswahlrecht, Art. 38 GG Rdn. 43 f.; Maunz, in: Maunz/Dürig, GG, Art. 38 Rdn. 28 – a. A. Kriele, VVDStRL 29, 71; ders., ZRP 69, 241 f.; 71, 99 ff.; siehe auch Steiger, Grundlagen, S. 201 f.

Parteienverbot (Mandatsverlust der Abgeordneten)[108] ging. Im übrigen sind Konflikte prinzipiellerer Natur zwischen den Verfassungsprinzipien des Art. 21 und des Art. 36 GG nur in den beiden genannten Parteienverbotsverfahren aktuell geworden, in denen Parteien sich entweder von vornherein der parlamentarischen Demokratie versagten oder in denen sie parteiintern die Grunderfordernisse einer demokratischen Selbstorganisation verletzten. In diesem Konfliktfeld schneiden sich jedoch die Fragestellungen von Parteieneigenschaft einerseits und Parteienverfassungsmäßigkeit andererseits – ein Aspekt allerdings, den man nur dann mit der gebotenen Klarheit ausmachen kann, wenn man sich des prinzipiellen und (begriffs-)qualifizierenden Sinn- und Ordnungszusammenhangs von Art. 21 GG und Art. 38 GG bewußt wird oder bleibt.

Gemäß Art. 38 I GG sind die Abgeordneten „Vertreter des ganzen Volkes, an Aufträge und Weisungen nicht gebunden und nur ihrem Gewissen unterworfen". Dies ist die klassische Umschreibung des freien Mandats und der auf diesen Mandatstypus gegründeten repräsentativen Demokratie[109]. Als konstitutionelles Form- und Strukturprinzip findet die Repräsentation im Sinne des Art. 38 I 2 GG ihren Sinn in der ideellen Sphäre einer volonté générale[110]. Repräsentation heißt hiernach nicht Vertretung einzelner, partikularer Interessen, sondern Organisation und Vermittlung eines gesamtstaatlichen Integrationsprozesses, der „das ganze Volk" und seinen Gesamtwillen zur (ideellen) politischen Einheit formt. Die Repräsentation im konstitutionellen Sinne begreift sich mit anderen Worten als ein spezifisches politisches Integrationsverfahren, das über die bloße Präsentation partikularer Interessen hinausreicht und unter dem Vorbehalt des durch die demokratische Mehrheitsentscheidung zu formulierenden Gesamtinteresses steht. In diesem Sinne formuliert der Gewissensappell des Art. 38 I 2 GG für jeden Abgeordneten den Auftrag zur gesamtstaatlichen Integration auf der Grundlage der eigenen, nur dem Gesamtwillen verantwortlichen Gewissensentscheidung. Repräsentation in diesem, konstitutionellen Sinne stellt über diesen ideellen Sinnzusammenhang hinaus ein ganz reales, vor allem kommunikationsrechtlich zu begreifendes und zu erfüllendes Integrationsverfahren dar, das die legitimierende Grundbeziehung zwischen den repräsentierten Regierten und den repräsentierenden Regierenden im Sinne des Demokratieprinzips herstellt.

---

[108] Vgl. BVerfGE 2, 1 (73 ff.); 5, 85 (392); Henke, Bonner Kommentar zum GG, Art. 21 Rdn. 20.

[109] Zur Garantie des freien Mandats in Art. 38 I 2 GG vgl. nur z.B. Badura, Bonner Kommentar zum GG, Art. 38 Rdn. 48 ff.; Seifert, Bundeswahlrecht, Art. 38 GG Rdn. 40 ff.; Steiger, Grundlagen, S. 184 ff.

[110] Siehe näher und m. Nachw. bereits R. Scholz, Koalitionsfreiheit, S. 170 ff.

Die verfassungsrechtliche und -politische Grundfunktion der politischen Parteien liegt auf der Ebene dieses realen Integrationsprozesses und seiner Organisation[111]. Die parteienstaatliche Demokratie basiert, wie bereits erwähnt, gerade auf der Einsicht, daß die klassisch-repräsentative Demokratie, d.h. der allein auf den einzelnen Abgeordneten und sein freies Mandat gegründete Parlamentarismus für sich genommen heute nicht mehr funktionsfähig sein kann. Aus diesem Grunde übernehmen die politischen Parteien bereits im Vorfeld der parlamentarischen Willensbildung sowie – in Gestalt des Fraktionswesens – auch innerhalb des Parlaments grundlegende Aufgaben der Strukturierung und Präparierung der demokratischen, auf das freie Mandat gegründeten Repräsentation. In dieser Funktion der politischen Parteien liegt der Sinn der parteienstaatlichen Demokratie und ihrer Verbindung mit dem Prinzip der repräsentativen Demokratie. Die moderne parteienstaatliche parlamentarische Demokratie gründet sich also auf die beiden, nur gemeinsam wirksamen Pfeiler des Art. 38 GG einerseits und des Art. 21 GG andererseits. Für die politischen Parteien bedeutet dies vor allem, daß sie auch ihrerseits dem Repräsentationsprinzip und damit namentlich den Forderungen des freien Mandats verpflichtet sind. Die Parteien haben nur vorbereitende und (partiell-)auswählende Befugnisse; das freie Mandat der (ihrer) Abgeordneten steht nicht zur inhaltlichen oder organisatorischen Disposition einer Partei.

Unmittelbar belegt dies die Verpflichtung der politischen Parteien auf das Gebot der innerparteilichen Demokratie gemäß Art. 21 I 3 GG. Dieses Gebot hat nämlich vor allem den Sinn, im System der Parteienstaatlichkeit das Prinzip der repräsentativen Demokratie auch in und gegenüber den politischen Parteien zu sichern. Das demokratische Repräsentationsmandat wird über Art. 21 I 3 GG (auch) auf den vorparlamentarischen Raum bzw. auf die innere Ordnung der Parteien erstreckt[112]. Die Parteien müssen deshalb, soweit sie Kandidaten für Abgeordnetenmandate benennen, gewährleisten, daß diese in freier demokratischer Willensbildung ausgewählt worden sind[113]; die Parteien müssen weiterhin gewährleisten, daß die Abgeordneten von politischen Weisungen frei bleiben, also in ihrer repräsentativen Verantwortung dem Gesamtwillen verantwortlich bleiben können; die Parteien dürfen einzelne Abgeordnete nicht mit

---

[111] Vgl. auch BVerfGE 5, 85 (388).
[112] Zu diesem speziellen Zusammenhang von Art. 38 I 2 und Art. 21 I 3 GG vgl. bereits R. Scholz, Koalitionsfreiheit, S. 174 f.
[113] Vgl. BVerfGE 47, 253 (283); Henke, Bonner Kommentar zum GG, Art. 21 Rdn. 15, 50, 62.

Weisungen versehen (kein imperatives Mandat)[114]; sie dürfen Abgeordnete nicht abberufen oder gar aus dem Parlament ausschließen[115]. Alles dies wäre mit Art. 38 I 2 GG unvereinbar[116]. Folgerichtig wären innerparteiliche Befugnisse, Zuständigkeiten oder Absichten dieser Art ebenso verfassungswidrig, weil mit dem Gebot der innerparteilichen Demokratie gemäß Art. 21 I 3 GG nicht vereinbar.

16. Folgerungen für den Parteienbegriff

So ist bereits der Parteienbegriff des Art. 21 GG unmittelbar mit dem Prinzip der repräsentativen Demokratie verbunden: Art. 21 GG anerkennt nur solche Organisationen oder Vereinigungen als politische Parteien, die sich schon nach der eigenen Zielsetzung, Organisation und Betätigung der repräsentativen Demokratie verpflichtet wissen und ihre Aktivitäten auf die Organisation des Parlamentarismus ausrichten, ihre eigene politische Erfüllung also im System und Aufgabenbezug der repräsentativen Demokratie finden. Organisationen, die diese Voraussetzungen verweigern, nicht erfüllen, sind nach dem Gesagten keine politischen Parteien. Sie verfügen also nicht über den besonderen, verfassungsrechtlich privilegierten Status des Art. 21 GG. Sie finden ihren verfassungsrechtlichen Standort im Rahmen der allgemeinen Vereinigungsfreiheit im Sinne des Art. 9 I GG, wobei – wie nochmals hervorgehoben sei – auch der Umstand keine eo ipso verändernde Rolle spielen kann, daß eine solche Organisation im Parlament durch eigene Abgeordnete vertreten ist. Voraussetzung für die Parteieneigenschaft einer jeden im Parlament

---

[114] Zur Verfassungswidrigkeit des imperativen Mandats vgl. nur z. B. Badura, Bonner Kommentar zum GG, Art. 38 Rdn. 49; Maunz, in: Maunz/Dürig, GG, Art. 38 Rdn. 12; zum hiesigen Problemfeld siehe auch Steffani, Zur Vereinbarkeit von Basisdemokratie und parlamentarischer Demokratie, Aus Politik und Zeitgeschichte B 2/83, S. 13 ff.; Oberreuter, Abgesang auf einen Verfassungstyp?, Aus Politik und Zeitgeschichte B 2/83, S. 20 ff.; siehe allgemein auch § 15 III 3 PartG.
[115] Vgl. nur z. B. Maunz, in: Maunz/Dürig, GG, Art. 21 Rdn. 68, 94 ff.; Art. 38 Rdn. 9 ff., Badura, Bonner Kommentar zum GG, Art. 38, Rdn. 61 f., 81; Henke, Bonner Kommentar zum GG, Art. 21 Rdn. 20; Seifert, Bundeswahlrecht, Art. 38 GG Rdn. 42.
Zur Garantie des Mandatsbestandes für die Legislaturperiode (Prinzip des unabkürzbaren Mandats – ausgenommen bei Auflösung des Bundestages sowie bei freiwilligem Verzicht des Abgeordneten) siehe zuletzt auch BVerfG,. NJW 83, 735 (736).
[116] Das gleich gilt hinsichtlich entsprechender Maßnahmen durch außerparlamentarischen Gruppen, Einflüsse etc. (vgl. Badura, Bonner Kommentar zum GG, Art. 38 Rdn. 51; Seifert, Bundeswahlrecht, Art. 38 GG Rdn. 41); eine Feststellung, die vor allem gegenüber einem außerparlamentarisch induzierten oder durchgeführten Rotationsprinzip wesentlich ist.

vertretenen Organisation ist vielmehr und überdies, daß diese Abgeordneten nach Auswahl, mitgliedschaftlicher Bindung und parlamentarischer Betätigungsfreiheit die Voraussetzungen des freien Mandats gemäß Art. 38 I GG erfüllen. Werden Abgeordnete undemokratisch aufgestellt oder ausgewählt, werden sie einem verpflichtenden Rotationsprinzip, d. h. der verbindlichen Abberufungsmöglichkeit ihrer Organisation, unterworfen oder werden sie in ihrer inhaltlich-politischen Arbeit im Parlament einer Weisungsgewalt der sie entsendenden Organisation unterworfen, so werden nicht nur die Verfassungsgrundsätze des Art. 21 und des Art. 38 I GG als solche in verfassungswidriger Weise verletzt[117], es sprechen vielmehr auch alle Anzeichen dafür, daß die betreffende Organisation schon tatbestandlich keine politische Partei im Sinne des Art. 21 GG darstellt. Daß die Verfassungswidrigkeit einer politischen Partei und die schon fehlende Tatbestandlichkeit der Partei hiermit identischen Begründungsmustern folgen, darf nicht zu dem irrigen Schluß führen, daß eine politische Partei im Sinne des Art. 21 GG als solche in jedem

---

[117] Zur Verfassungswidrigkeit des sog. Rotationsprinzips bzw. ihm entsprechender Methoden siehe auch die gemeinsame Feststellung der Präsidenten der Landesparlamente vom 1. 3. 83 (Tagesspiegel vom 2. 3. 83); unmittelbar zum Rotationsprinzip der Grünen/Alternativen vgl. Oberreuter, Abgesang auf einen Verfassungstyp?, Aus Politik und Zeitgeschichte B 2/83, S. 20 ff.; Heidemann, Der Arbeitgeber 82, 1135; in allgemeinerer Sicht vgl. z. B. Maunz, in: Maunz/Dürig, GG, Art. 21 Rdn. 68; Art. 38 Rdn. 12, 14; Henke, Bonner Kommentar zum GG, Art. 21 Rdn. 20; Seifert, Bundeswahlrecht, Art. 38 GG, Rdn. 42; vgl. auch Badura, Bonner Kommentar zum GG, Art. 38 Rdn. 63. Entgegengesetzt zum Rotationsprinzip selbst, aber mit nicht haltbarer Begründung Preuß, TAZ vom 24. 1. 83.
Mandatsrotationen sind somit schon als solche und in aller Regel als verfassungswidrig indiziert. Der Gegeneinwand, daß zum freien Mandat auch das Recht zum Mandatsverzicht gehöre, ist für sich genommen zwar richtig und unbestreibar (vgl. nur z. B. Badura, Bonner Kommentar zum GG, Art. 38 Rdn. 63 und § 46 I Nr. 4 BWG); Rotationen sind jedoch allgemeinerer und vor allem mandatspolitisch-organisatorischer Art, heben sich also vom individuell-freiwilligen Mandatsverzicht (mit automatischer Nachrückfolge in der Wahlliste) mit gleicher Regelmäßigkeit ab. Daß sich im Einzelfall allerdings bereits Schwierigkeiten bei der Frage ergeben können, ob ein rechtmäßiger Mandatsverzicht kraft individuell-freiwilliger Entscheidung oder eine rechtswidrige Verfügung über das Mandat kraft aufgezwungener oder fremdgesteuerter Rotationsentscheidung gegeben ist, liegt auf der Hand. Die sich rechtlich hieran anschließende und nach Auffassung des Verf. zu bejahende Frage ist die, ob es angesichts vorab angekündigter Rotationspraktiken oder entsprechender „Bekenntnisse zum Rotationsprinzip" nicht bereits bei der Zulassung einer Wahlliste entsprechender Restriktionen gegenüber denjenigen Parteien (Organisationen) bedarf, die ihre Wahllisten unter Begleitung entsprechender politischer Ankündigungen oder „Bekenntnisse" einreichen. Notfalls sind hier legislatorische Maßnahmen auf dem Gebiet der einschlägigen Bundes- und Landeswahlgesetze erforderlich.

42

Falle oder doch zunächst gegeben sei, daß diese aber – bei Vorliegen der vorgenannten Verfassungsverstöße – ihrerseits verfassungswidrig sei. Nicht jede politische Organisation ist automatisch politische Partei. Dies ist sie nur, wenn sie die genannten tatbestandlichen Voraussetzungen und in deren Rahmen namentlich das Erfordernis der ernsthaften und auf Dauer angelegten Teilnahme am Prozeß der repräsentativen Demokratie erfüllt. Eine politische Organisation, die selbst ein in Wahlen erobertes parlamentarisches Mandat nicht selbst ernst nimmt, die dieses als ihr bloßes politisches „Spielbein" oder als bloßes Instrument zur Konterkarierung der parlamentarischen Demokratie begreift, verkörpert keine politische Partei im Sinne des Art. 21 GG – völlig unabhängig davon, daß ein solches konkretes politisches Verhalten auch das Verdikt der Verfassungswidrigkeit einer Partei im Sinne des Art. 21 II GG nach sich zöge. Der Feststellung und dem Verdikt einer solchen Verfassungswidrigkeit vorgelagert ist jedoch die Frage, ob die jeweilige politische Organisation überhaupt eine politische Partei im Sinne des Art. 21 GG oder eine bloße Vereinigung im Sinne des Art. 9 I GG darstellt.

Diese Frage muß vor allem von den Wahlleitern oder Wahlausschüssen vor Parlamentswahlen geprüft werden, wenn politische Organisationen Wahllisten aufstellen. Wahlleiter und Wahlausschüsse haben zwar nicht die Kompetenz, über etwaige Verfassungswidrigkeiten einer Partei gemäß Art. 21 II GG zu entscheiden; diese Zuständigkeit liegt allein beim BVerfG[118]. Wahlleiter und Wahlausschüsse haben aber die Voraussetzungen des Art. 38 I GG (Gebot der freien Kandidatenaufstellung etc.) und die Voraussetzungen des Bestehens einer politischen Partei im Sinne des Art. 21 GG dort zu prüfen, wo das Wahllistenprivileg den Parteien, wie namentlich bei Wahlen zum Bundestag, vorbehalten ist.

Das Wahllistenprivileg basiert auf der Fähigkeit und Bereitschaft der politischen Partei, die repräsentative Demokratie organisatorisch zu präparieren und strukturell auf diese Weise mit zu gewährleisten. Deshalb zeichnet das GG die politische Partei mit ihrem privilegierten Status aus; deshalb muß auch die politische Partei schon begrifflich zur repräsentativen Demokratie stehen, ist sie ihr schon von Tatbestands wegen verpflichtet.

Wenn eine politische Gruppierung diese rechtlich-begrifflichen sowie politisch-funktionellen Voraussetzungen nicht erfüllt oder gar ausdrücklich verweigert, kann ihr der privilegierte Status des Parteienrechts im Sinne der Art. 21/38 I GG nicht zustehen. Dies bedeutet, gleichgültig ob die politische Gruppierung verfassungsmäßig oder nicht verfassungsmä-

---

[118] Vgl. Seifert, Bundeswahlrecht, § 18 BWG Rdn. 13, 14.

ßig ist, daß sie an Wahlen nur als (allgemeine) Wählervereinigung, nicht dagegen als politische Partei mit dem Wahllistenprivileg des § 18 BWG teilnehmen kann. Wenn eine solche politische Gruppierung eigene Wahlkandidaten aufstellt, so müssen die zuständigen Wahlleiter bzw. Wahlausschüsse prüfen, ob in der Person dieser Kandidaten und ihrer Nomination die verfassungsrechtlichen und wahlgesetzlichen Erfordernisse des freien Mandats und der freien Kandidatenaufstellung erfüllt sind[119]. Für die Bundestagswahl sehen sich hierzu die maßgebenden Bestimmungen in §§ 21, 27 V und 28 BWG benannt. Hiernach hat der Landeswahlausschuß über die Zulassung von Landeslisten zu entscheiden und solche Landeslisten oder solche, auf Landeslisten genannten Bewerber zurückzuweisen (aus der Landesliste zu streichen), bei denen die vorgenannten Voraussetzungen nicht erfüllt bzw. nachgewiesen sind. Wenn z. B. eine, sich als „politische Partei" gerierende Gruppierung ihre Wahlkreisbewerber nicht in geheimer und freier Wahl nominiert, wenn sie deren Kandidatur an Erfordernisse bindet, die mit dem freien Mandat nicht vereinbar sind, wenn sie deren Mandat nicht für die volle Legislaturperiode vorsieht, sondern bzw. insbesondere unter den Vorbehalt eines sog. Rotationsprinzips stellt, fehlt es an den Zulassungsvoraussetzungen gemäß § 28 BWG.

Ob daneben eine Verfassungswidrigkeit der politischen Gruppierung von der Qualität gegeben ist, daß ein Parteienverbotsverfahren gemäß Art. 21 II GG in Betracht käme, spielt hierbei keine Rolle. Denn hier geht es nicht um die Verfassungwidrigkeit einer (gegebenen?) politischen Partei, sondern um die Verfassungsmäßigkeit einer Parlamentswahl, die sich allein nach Art. 38 I GG i. V. m. dem BWG (bzw. dem jeweiligen LWG) beurteilt und für die das Parteienprivileg des Art. 21 II GG (Verbot nur bei Feststellung durch das BVerfG) ohne Belang ist. Die Verfassungsmäßigkeit von Parlamentswahlen muß stets gewährleistet sein, und wenn sich an einer Parlamentswahl auf der Grundlage des parteienrechtlichen Listenprivilegs politische Gruppierungen beteiligen, die den Anspruch einer politischen Partei erheben, so muß dieser Anspruch jedenfalls insoweit überprüft werden, wie es um die *wahlrechtlichen Elemente der Parteieneigenschaft* geht. Diese Elemente aktualisieren bei der jeweiligen Parlamentswahl den Begriff der politischen Partei und deren privilegierten Verfassungsstatus gemäß Art. 21 GG. Von dem Erfordernis einer solchen Überprüfung und einer solchen verfassungskon-

---

[119] Zur impliziten Verbindlichkeit bzw. zum impliziten Prüfungserfordernis der parteiinternen Wahrung der Grundsätze des Art. 38 I GG bei der Aufstellung der Wahlliste siehe z. B. Seifert, Bundeswahlrecht, § 21 BWG, Rdn. 12.

formen Aktualisierung des privilegierten Parteienstatus ist die Frage strikt abzuheben, ob es sich bei einer politischen Gruppierung um eine verfassungsmäßige oder wegen Verfassungswidrigkeit ggfs. zu verbietende Partei handelt. Letzteres ist eine Frage ganz anderer bzw. allgemeinerer Art. Im vorliegenden, parlamentarisch-wahlrechtlichen Problemzusammenhang geht es allein um die Frage, ob eine politische Gruppierung das – mit dem Parteienbegriff im System der repräsentativen Demokratie verbundene – Erfordernis oder Tatbestandsmerkmal der Wahrung des freien Mandats, der Achtung der Prinzipien der repräsentativen Demokratie und der freien Kandidatenaufstellung und damit im weiteren Sinne der Parteieneigenschaft im System der repräsentativen Demokratie erfüllt. Ob dies der Fall ist, ist von den zuständigen Wahlleitern bzw. Wahlausschüssen grundsätzlich bei und vor jeder Wahl bzw. anläßlich jeder Aufstellung von Wahlkreislisten zu prüfen.

Prüfmaßnahmen dieser Art greifen nicht in die Zuständigkeit des BVerfG nach Art. 21 II GG ein. Denn hier geht es nicht um die Feststellung einer eventuellen Verfassungswidrigkeit einer politischen Partei, sondern allein um die Sicherung der Voraussetzungen einer verfassungsmäßigen Parlamentswahl. Daß in diesem Zusammenhang auch die Qualität einer politischen Gruppierung als (eventuelle) politische Partei eine mit maßgebende Rolle spielt, erklärt sich allein aus der Tatsache, daß der politischen Partei auf der Grundlage ihres parteienrechtlichen Status das Wahlkreislistenprivileg zufällt und von den zuständigen Wahlleitern bzw. Wahlausschüssen folgerichtig bei jedem eingereichten Listenvorschlag von Amts wegen geprüft werden muß, ob die benennende politische Gruppierung ihrerseits die Voraussetzungen des Parteienbegriffs und seiner Verpflichtung auf die Prinzipien des freien Mandats und der repräsentativen Demokratie erfüllt.

17. Folgerungen für antiparlamentarische Strategien und plebiszitäre Organisationen

Das Auftreten der Grünen/Alternativen hat diese Prüfungserfordernisse und ihre strikte Beachtung mit Nachdruck vor Augen geführt.

Denn alle aufgezeigten Indizien sprechen dafür, daß die Grünen/Alternativen – zumindest vorerst noch – keine politische Partei, sondern eine (allgemeine) politische Vereinigung bzw. „politische Bewegung" im Sinne des Art. 9 I GG darstellen. Ihr politischer Anspruch und ihre politischen Aktivitäten weisen die Grünen/Alternativen nicht als Parteien im Sinne der parteienstaatlich-repräsentativen Demokratie, sondern als antiparlamentarisch-plebiszitärdemokratische Organisationen aus, wie sie Sinn, Zweck und Rechtfertigung des Art. 21 i. V. m. Art. 38 GG widersprechen. Der Einzug solcher Organisationen in unsere Parlamente und seine vielfach unkritische Kommentierung setzen ein deutliches Signal, benennen ein augenfälliges Krisensymptom. Denn plebiszitäre Einflüsse, Initiativen und Energien im Parlament sprengen – zumindest in der Konsequenz – das System der parlamentarisch-repräsentativen Demokratie. Man gebe sich keinen Illusionen hin, zwischen unmittelbarer und mittelbarer Demokratie, zwischen repräsentativer und plebiszitärer Demokratie kann es jedenfalls auf der Ebene des Parlaments selbst keinen funktionsfähigen Kompromiß und keine integrierende Kombinationslösung geben. Selbst wenn von Teilen der Grünen/Alternativen davon gesprochen wird, daß ihr basisdemokratisches oder plebiszitärdemokratisches Streben maßgebend auf eine systemimmanente, also nicht systemsprengende Reform des Parlamentarismus ausgerichtet sei, kann vor Irrtümern nicht nachdrücklich genug gewarnt werden. Die parlamentarisch-repräsentative Demokratie muß sich dem Druck plebiszitärer Elemente zwar stellen, das Parlament selbst und das parlamentarische System stehen jedoch nie zur (systemverändernden oder auch nur schein-reformistischen) Disposition, dürfen nie zum Streitobjekt werden. Wenn plebiszitäre Elemente in die Parlamente einziehen, gilt es naturgemäß auch im Parlament, sich mit diesen auseinanderzusetzen. Diese Auseinandersetzung muß jedoch immer in den Formen des Parlamentarismus selbst erfolgen. Wenn Organisationen ihr parlamentarisches Mandat lediglich dazu nutzen, den Parlamentarismus selbst zu attackieren, zu mißachten oder zu konterkarieren, wenn diese nichts anderes verfolgen, als das Parlament zum Forum plebiszitärer Initiativen oder Aktivitäten zu verfremden, so muß dem wirklich und wirksam – d. h. streitbar – entgegengetreten werden. Denn auch die parlamentarisch-parteienstaatliche Demokratie des GG ist Bestandteil der streitbaren Demokratie, wie sie das GG ausdrücklich bezweckt, garantiert und aufgegeben hat[120]. Obwohl in der augenblicklichen Situation die grundsätzliche Akzeptanz der parlamentarisch-parteienstaatlichen Demokratie durch den absolut größten Teil unserer Bevölkerung (noch) außer Frage steht, darf das genannte Krisensymptom doch auch allgemein-politisch nicht unterschätzt werden. Es gilt vielmehr und vor allem, das Bewußtsein für die parlamentarische Demokratie und ihre parteienstaatliche Organisation wieder zu stärken, in der Bevölkerung das Wissen um die Gefahren einer anti- oder außerparlamentarischen Plebiszitärdemokratie wieder mehr zu verfestigen und damit die Stabilität des demokratischen Verfassungsstaa-

---

[120] Vgl. BVerfGE 5, 85 (1, 39); 25, 88 (100); 40, 287 (291); Sattler, Die rechtliche Bedeutung der Entscheidung für die streitbare Demokratie, 1982, bes. S. 31 ff., 93 ff.

tes auch weiter zu sichern. Wie akut das Erfordernis solcher Besinnung und solcher Bewußtseinsstärkung ist, hat der Einzug der Grünen/Alternativen in die Parlamente offenkundig gemacht. Noch ist von keiner akuten Krise der parteienstaatlichen Demokratie zu sprechen; werden die – trotz aller eindeutigen Wahlergebnisse zugunsten der demokratisch-parlamentarischen Parteien – ebenso eindeutigen Signale und Krisensymptome jedoch überhört oder übersehen, so kann die wirkliche Krise rascher akut werden, als sich heute noch mancher träumen läßt. Vor allem vom neu gewählten Bundestag und von der Frage, wie er die bevorstehenden und bereits angekündigten Auseinandersetzungen sowie Anfechtungen der parlamentarischen Demokratie besteht, wird vieles für die Zukunft abhängen. Abhängen wird darüber hinaus vieles von der Frage, wie sich die Grünen/Alternativen selbst entwickeln[121]. Wer gewinnt die Oberhand: jene Gruppen, die zum Arrangement mit der parlamentarischen Demokratie bereit sind, oder jene, die ihr Ziel allein in der Bekämpfung und Beseitigung des parlamentarischen Systems sehen?

---

[121] Zutreffend formuliert auch Kimminich, DÖV 83, 217 ff.: „Die Parteien im Rechtsstaat: Herausforderung durch die „Alternativen".